A criatividade
nas organizações

A criatividade nas organizações

Dálcio Roberto dos Reis Júnior

Rua Clara Vendramin, 58 • Mossunguê
Cep 81200-170 • Curitiba • PR • Brasil
Fone: (41) 2106-4170
www.intersaberes.com
editora@intersaberes.com

Conselho editorial
Dr. Ivo José Both (presidente)
Dr. Alexandre Coutinho Pagliarini
Dr.ª Elena Godoy
Dr. Neri dos Santos
Dr. Ulf Gregor Baranow

Editora-chefe
Lindsay Azambuja

Gerente editorial
Ariadne Nunes Wenger

Assistente editorial
Daniela Viroli Pereira Pinto

Preparação de originais
Gilberto Girardello Filho

Edição de texto
Letra & Língua Ltda.
Gustavo Piratello de Castro

Projeto gráfico
Laís Galvão

Capa e diagramação
Charles L. da Silva

Designer responsável
Charles L. da Silva

Iconografia
Regina Claudia Cruz Prestes

Dados Internacionais de Catalogação na Publicação (CIP)
(Câmara Brasileira do Livro, SP, Brasil)

Reis Júnior, Dálcio Roberto dos
  A criatividade nas organizações/Dálcio Roberto dos Reis Júnior. Curitiba: InterSaberes, 2021.

  Bibliografia.
  ISBN 978-65-89818-96-0

  1. Criatividade nos negócios 2. Inovação 3. Organizações – Administração I. Título.

21-68626   CDD-658.4063

    Índice para catálogo sistemático:
1. Criatividade nos negócios: Administração de empresas   658.4063

    Cibele Maria Dias – Bibliotecária – CRB-8/9427

1ª edição, 2021.
Foi feito o depósito legal.

Informamos que é de inteira responsabilidade do autor a emissão de conceitos.

Nenhuma parte desta publicação poderá ser reproduzida por qualquer meio ou forma sem a prévia autorização da Editora InterSaberes.

A violação dos direitos autorais é crime estabelecido na Lei n. 9.610/1998 e punido pelo art. 184 do Código Penal.

Sumário

Prefácio, 13
Apresentação, 15
Como aproveitar ao máximo este livro, 19

1. **Retrospectiva histórica, antecedentes e consequências da criatividade, 23**
   1.1 Conceitos e história da criatividade, 25
   1.2 Antecedentes da criatividade, 29
   1.3 Consequências da criatividade, 33

2. **Perfil do indivíduo criativo: comportamentos e habilidades, 39**
   2.1 Percepção do contexto, 42
   2.2 Controle do medo, 45
   2.3 Inteligência social, 55

3. **Processo criativo: ideias surgindo, 63**
   3.1 Componentes do processo criativo, 65
   3.2 Barreiras organizacionais à criatividade, 74
   3.3 Estímulos organizacionais à criatividade, 87
   3.4 Mensuração da criatividade, 100

4. Atividade criativa: transformando ideias em resultado, 113
    4.1 Gerenciando a criatividade, 115
    4.2 Fase 1: conscientização, 117
    4.3 Fase 2: disseminação, 117
    4.4 Fase 3: criatividade como estratégia, 118
    4.5 Fase 4: parcerias, 119
    4.6 Fase 5: estruturação, 120
    4.7 Fase 6: processo de gestão da criatividade e inovação, 120
    4.8 Fase 7: capacidade de inovar, 121
    4.9 Fase 8: acompanhamento de indicadores, 121
    4.10 Alguns indicadores importantes, 122

5. Técnicas de estímulo à criatividade, 129
    5.1 *Brainstorming*, 134
    5.2 Método dos seis chapéus, 140
    5.3 *Design thinking*, 144
    5.4 *Business model canvas*, 151

6. Criatividade e inovação, 161
    6.1 Processo de gestão da inovação, 164
    6.2 Repensando a inovação, 179
    6.3 Inovação incremental, radical e de ruptura, 183
    6.4 Os dez tipos de inovação, 188
    6.5 Vá além dos produtos, 194
    6.6 Inovação aberta (cocriação), 197
    6.7 Economia criativa, 198

Considerações finais, 207
Referências, 211
Respostas, 217
Sobre o autor, 223

Ao meu filho, Pedro.

Gostaria de agradecer imensamente à minha esposa Danielle e ao meu filho Pedro, pela compreensão nos momentos de ausência enquanto me dedicava ao desenvolvimento desta obra.

Aos meus pais, Dálcio e Rosemari, pelos ensinamentos tão importantes para a vida.

Aos demais familiares e aos verdadeiros amigos, pelo apoio incondicional.

Ao meu professor e amigo Prof. Arménio Rego, pela dedicação que sempre mostrou à profissão e pela imensa influência que exerce nas minhas escolhas profissionais até hoje. Suas obras foram uma grande inspiração para este livro.

Ao talentoso amigo Max Ribeiro, autor das lindas ilustrações que tanto agregam e abrilhantam esta obra.

A todos que, direta ou indiretamente, contribuíram para que este livro se tornasse possível.

A vocês, muito obrigado!

"*A criatividade exige a coragem de deixar as certezas de lado.*"

Erich Fromm

Prefácio

Em um mundo tecnológico e digital, nem sempre nos damos conta de que a vida organizacional é, essencialmente, apoiada no trabalho de **pessoas** em interação social. É dessa interação que pode emergir um resultado coletivo superior à soma dos resultados individuais. Também a criatividade, tanto a individual quanto a coletiva, é profundamente afetada por essas interações. As novas tecnologias podem facilitar alguns processos, mas não são substitutas das interações cara a cara – designadamente as que são espontâneas e não planeadas. O processo criativo é, portanto, inerentemente relacional e influenciado por inúmeros fatores que se afetam mutuamente: as caraterísticas de personalidade dos indivíduos, as emoções, as dinâmicas no seio da equipe, a liderança e mesmo o contexto externo à equipe ou à organização (cite-se, por exemplo, a crise pandêmica).

    Ao enfatizar tais componentes, este livro é, portanto, bem-vindo – e ajuda a compreender as bases em que se assentam a criatividade e, como consequência, a inovação. O Prof.

Dálcio Reis Júnior discute e aprofunda aqui temas que explorou durante seu doutoramento, o qual tive o prazer de supervisionar. Desejo as maiores venturas à obra e estou convicto de que ela será útil para leitores desejosos de compreender o fenômeno da criatividade nas organizações.

Arménio Rego
Professor Catedrático da Católica Porto Business School
Universidade Católica Portuguesa

Apresentação

> *"Criatividade é a inteligência se divertindo."*
>
> Albert Einstein

Seja bem-vindo(a) à obra *A criatividade nas organizações*.

O objetivo desta obra é proporcionar uma forma de aprendizagem agradável e eficaz sobre criatividade e inovação. Gerenciar a criatividade é um dos principais desafios dos gestores atualmente, por um simples motivo: não há receita pronta! E é justamente aí que reside o atrativo maior para estudá-la. Sendo a criatividade algo multifacetado e que não se permite traduzir em fórmulas de nenhuma espécie, cabe a cada indivíduo, equipe ou organização trilhar o próprio caminho na busca por ela.

Utilizamos a criatividade desde os tempos primórdios. A capacidade de encontrar soluções para problemas cada vez mais complexos é o que faz o ser humano se destacar de outras espécies animais. Hoje, em pleno séc. XXI, a criatividade continua sendo um insumo essencial para qualquer indivíduo, seja na vida profissional, seja pessoal ou até mesmo para sua adaptabilidade na sociedade contemporânea. Contudo, mesmo que esteja tão presente em nossa vida, conhecer os antecedentes da criatividade e os efeitos dela na sociedade e na vida das pessoas ainda é uma incógnita em diversos aspectos. Diante disso, neste livro, abordamos a criatividade sob diversas óticas. Destacamos como ela influencia e está presente em nossas vidas pessoais e profissionais, além de como as empresas podem usar a criatividade das pessoas para sair da inércia, inovar e se manter competitivas no mercado.

A causa da falência de muitas organizações pelo mundo foi, e ainda é, a inércia organizacional, a qual pode ser entendida como uma falsa estabilidade percebida em produtos, ideologias, métodos e políticas da organização. Essa inércia pode resultar em muitas dificuldades para as empresas que precisam adaptar-se às novas tendências de mercado (Miller; Chen, 1994). É a popular indagação: *Está tudo indo bem, para que vou mudar?*

A inércia organizacional e competitiva até pode aparentar algumas vantagens, como o alto nível de eficiência atingido quando se faz a mesma coisa, da mesma forma e por muito tempo. Todavia, essa vantagem se torna insignificante diante do aumento da diversidade de mercado e das mudanças ocorridas com intervalos de tempo cada vez menores. A criatividade e a inovação deixaram de ser diferenciais competitivos e passaram a ser questão de sobrevivência. Ou se investe na criatividade das pessoas na busca constante pela inovação, ou "morre"!

Máquinas são incapazes de gerar ideias (pelo menos, por enquanto). Por isso, as pessoas ainda têm um papel único e fundamental em qualquer ambiente organizacional: gerar inovações por meio da criatividade. Dessa forma, cabe às organizações propiciarem condições para que seus colaboradores desenvolvam a capacidade criativa.

Administrar a criatividade e as ideias geradas na empresa é um desafio para os gestores. O número de variáveis influenciadoras nesse processo é incontável. Além desse desafio, deve-se ter o cuidado com os diversos aspectos comportamentais dos colaboradores, principal "matéria-prima" para a geração de ideias.

Mas será que existe uma forma de gerenciar a criatividade de uma equipe? Podemos aprimorar nossa capacidade criativa? Como se destacar diante de uma habilidade tão requisitada dos profissionais nos dias de hoje? Será que a capacidade criativa é a mesma quando se está sozinho ou como parte de uma equipe?

Essas e outras reflexões muito importantes estão presentes nesta obra, que está dividida em seis capítulos. No primeiro, tratamos do desenvolvimento do conceito da criatividade desde os primeiros estudos até a atualidade. Além disso, evidenciamos como a criatividade foi compreendida e estudada desde a época de Platão, passando por Freud e outros grandes nomes da filosofia e da ciência. Também explicamos os fatores que antecedem a criatividade e quais são as principais consequências desse construto em nossa sociedade.

No segundo capítulo, apresentamos o perfil do indivíduo criativo, enfatizando algumas características comuns inerentes à criatividade, como a percepção aguçada da realidade, a capacidade de controlar alguns medos e a inteligência social apurada.

Por sua vez, no terceiro capítulo, desbravamos as etapas do processo criativo e seus componentes. Apesar de a criatividade não ser representada por nenhum passo a passo, algumas etapas são comumente observadas durante o processo. Além disso, abordamos as barreiras organizacionais e as práticas de estímulo que podem ser dadas aos colaboradores para alavancar suas capacidades criativas. Ainda, discutimos a mensuração da criatividade, item fundamental para qualquer gestor que pretenda gerenciar a criatividade de sua empresa por meio de indicadores. E, ao final, apresentamos dois questionários: um para a mensuração da capacidade criativa de indivíduos e de equipes; outro para a avaliação da cultura organizacional voltada à criatividade e à inovação.

No quarto capítulo, adentramos o processo de desenvolvimento de uma ideia até se "materializar" em uma inovação, isto é, o processo árduo pelo qual as organizações tentam transformar o potencial criativo de seus colaboradores e de suas equipes em riqueza. Caminho árduo, porém necessário para todas as empresas que pretendem manter-se competitivas no cenário atual.

Já no quinto capítulo, contemplamos quatro técnicas de apoio ao desenvolvimento do processo criativo: *brainstorming*; método dos seis chapéus; *design thinking*; e *business model canvas*. Juntas, essas quatro técnicas são capazes de apoiar qualquer equipe, desde a geração das ideias, passando pela estruturação dessas propostas e, por fim, o desenvolvimento delas em forma de projeto para a inovação.

Por fim, no último capítulo, examinamos o processo de gestão da inovação, uma metodologia que visa estimular a criatividade e a inovação constante no ambiente organizacional. Ainda, analisamos duas classificações distintas sobre os tipos de inovação possíveis e ressaltamos a importância da inovação aberta e colaborativa nos tempos atuais. Para encerrar, descrevemos alguns cenários possíveis para a realização de prospecção para a criatividade e inovação e demonstramos a realidade das empresas voltadas à economia criativa.

Boa leitura!

Como aproveitar ao máximo este livro

Empregamos nesta obra recursos que visam enriquecer seu aprendizado, facilitar a compreensão dos conteúdos e tornar a leitura mais dinâmica. Conheça a seguir cada uma dessas ferramentas e saiba como estão distribuídas no decorrer deste livro para bem aproveitá-las.

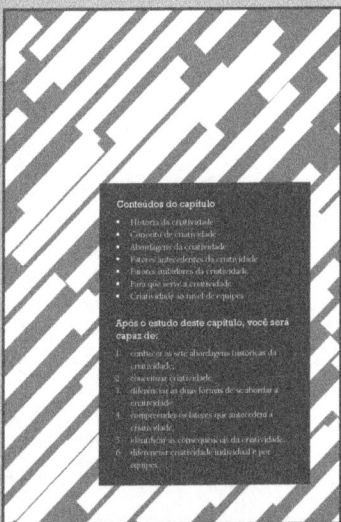

Conteúdos do capítulo

Logo na abertura do capítulo, relacionamos os conteúdos que nele serão abordados.

Após o estudo deste capítulo, você será capaz de:

Antes de iniciarmos nossa abordagem, listamos as habilidades trabalhadas no capítulo e os conhecimentos que você assimilará no decorrer do texto.

Introdução do capítulo

Logo na abertura do capítulo, informamos os temas de estudo e os objetivos de aprendizagem que serão nele abrangidos, fazendo considerações preliminares sobre as temáticas em foco.

Para saber mais

Sugerimos a leitura de diferentes conteúdos digitais e impressos para que você aprofunde sua aprendizagem e siga buscando conhecimento.

Estudo de caso

Nesta seção, relatamos situações reais ou fictícias que articulam a perspectiva teórica e o contexto prático da área de conhecimento ou do campo profissional em foco com o propósito de levá-lo a analisar tais problemáticas e a buscar soluções.

Síntese

Ao final de cada capítulo, relacionamos as principais informações nele abordadas a fim de que você avalie as conclusões a que chegou, confirmando-as ou redefinindo-as.

tipos de barreiras organizacionais é um desafio para qualquer empresa. Elas podem, eventualmente, surgir de forma muito rápida e, antes de serem percebidas pelos gestores, acabar minando o processo criativo na organização. Por isso, conhecê-las e monitorá-las é de suma importância. Por outro lado, desenvolver práticas de estímulo à criatividade, além de auxiliar na ultrapassagem dessas barreiras, ainda pode alavancar o potencial criativo dos colaboradores. Lembre-se de que apenas uma pequena parcela do desempenho criativo de uma pessoa advém de suas características pessoais. A maior parte desse desempenho é promovida pela adoção de práticas por parte da empresa, devendo ela, portanto, ser majoritariamente responsável pela capacidade de seus colaboradores gerarem ideias.

Questões para revisão

1. Assinale a alternativa que apresenta os três princípios mentais do processo criativo:
   a) Atenção, fuga e desenvolvimento.
   b) Definição, assimilação e inovação.
   c) Ideia, projeto e finalização.
   d) Atenção, fuga e movimento.
   e) Ideia, fuga e Movimento.

2. Marque a alternativa que apresenta *o princípio mental em que a nossa concentração está totalmente voltada para uma necessidade específica, visando compreender melhor todo o contexto que nos cerca*:
   a) Atenção.
   b) Inovação.
   c) Movimento.

Questões para revisão

Ao realizar estas atividades, você poderá rever os principais conceitos analisados. Ao final do livro, disponibilizamos as respostas às questões para a verificação de sua aprendizagem.

Questões para reflexão

Ao propor estas questões, pretendemos estimular sua reflexão crítica sobre temas que ampliam a discussão dos conteúdos tratados no capítulo, contemplando ideias e experiências que podem ser compartilhadas com seus pares.

Questão para reflexão

1. Pense na sua realidade como profissional ou estudante (ou ambos) e reflita: Qual dos medos explicados neste capítulo você consegue identificar em si mesmo quando deseja expor uma ideia? Consegue se lembrar de uma alguma situação em que alguns desses medos lhe prejudicou? Escreva um pequeno texto de reflexão colocando a sua opinião e sua história.

1

Retrospectiva histórica, antecedentes e consequências da criatividade

Conteúdos do capítulo

- História da criatividade.
- Conceito de criatividade.
- Abordagens da criatividade.
- Fatores antecedentes da criatividade.
- Fatores inibidores da criatividade.
- Função da criatividade.
- Criatividade das equipes.

Após o estudo deste capítulo, você será capaz de:

1. conhecer as sete abordagens históricas da criatividade;
2. conceituar criatividade;
3. diferenciar as duas formas de abordagem da criatividade;
4. compreender os fatores que antecedem a criatividade;
5. identificar as consequências da criatividade;
6. diferenciar criatividade individual e por equipes.

Conhecer a história nos faz compreender melhor o presente e prever melhor o futuro. Essa frase é atribuída ao historiador grego Heródoto, mas muitos já a ouviram em algum momento da vida, provavelmente de algum professor de História ou Filosofia. Mesmo sendo, ainda hoje, um assunto cheio de meandros e aspectos ainda a serem explorados, já podemos analisar a criatividade como um construto presente em nossa vida, dentro ou fora do ambiente organizacional.

A criatividade nem sempre foi estudada e apresentada como é hoje, de forma muito clara e direta. Houve períodos em que ela era vista como um dom divino restrito a poucos privilegiados. Com o passar dos anos, muitos estudiosos se dedicaram com afinco para o conhecimento sobre o tema avançar até o que conhecemos atualmente. O filósofo e matemático Platão e o mundialmente conhecido psicanalista Sigmund Freud foram alguns dos mais importantes precursores dos estudos sobre a criatividade, com as limitações de suas épocas e o com o desafio de estudar algo, até então, inédito.

Na sequência, apresentaremos um regate histórico do tema, bem como os antecedentes e as consequências da criatividade na sociedade atual.

1.1 Conceitos e história da criatividade

Sternberg e Lubart (1999) definiram sete abordagens distintas para conceituar e compreender a criatividade:

1. A **abordagem mística** considera que a criatividade é derivada de um dom divino. Quando a criatividade começou a ser objeto de reflexão de alguns pensadores

antigos, em especial Platão, na Grécia Antiga, por volta do século V a.C, a opinião mais comum afirmava que a capacidade criativa de um indivíduo era definida pelos deuses: eles que decidiam quem era mais ou menos criativo. Essa mesma lógica de pensamento era utilizada para justificar muitas outras características humanas.

2. 2.400 anos depois, por volta do ano de 1900, Sigmund Freud, pai da psicanálise, estudou a criatividade por meio de uma **abordagem psicodinâmica**, que se centrava, principalmente, nos motivos que levam um indivíduo a ser criativo. Para Freud, a criatividade era resultado de impulsos suprimidos e restrita a artistas, escritores ou a outras atividades em que ela fosse a válvula de escape para a produção.

3. A **abordagem psicométrica**, de Joy Paul Guilford, concebida na década de 1950, centra-se em tentar medir o pensamento criativo. Dessa corrente, originaram-se os primeiros métodos de mensuração da criatividade.

4. A **abordagem pragmática** baseia-se em exercícios práticos de estímulo à criatividade, principalmente em técnicas voltadas à geração de ideias. Aqui, defende-se a teoria de que qualquer pessoa pode alavancar sua capacidade criativa quando é estimulada de forma estruturada e coletiva.

5. Por sua vez, a **abordagem social** preocupa-se em investigar a influência do ambiente e das relações humanas nos processos criativos. Os estudos que investigaram essa perspectiva começaram a descobrir que o ambiente no qual nos desenvolvemos e, principalmente, a forma como nos relacionamos com os estímulos desse ambiente podem formar e desenvolver nossa capacidade criativa.

6. A **abordagem cognitiva** se refere aos modelos mentais e aspectos cognitivos para explicar a criatividade. Ela relaciona a capacidade criativa com a própria inteligência

humana. Howard Gardner, autor da teoria das inteligências múltiplas, define a inteligência como a capacidade humana de resolver problemas complexos e desenvolver produtos que sejam valorizados em vários ambientes. Percebemos, nessa definição, a relação com os conceitos mais diretos de criatividade.
7. A **abordagem sistêmica**, ou de confluência, concentra-se em diversos fatores das demais abordagens para a compreensão do processo criativo, tais como: a capacidade individual, o ambiente externo, as relações interpessoais e as capacidades cognitivas e comportamentais.

Essas abordagens, embora complementares para a compreensão da criatividade, representam também uma linha histórica do desenvolvimento do conceito, desde o início da civilização humana até os dias atuais (Sternberg; Lubart, 1999).

A criatividade pode ser definida como a capacidade de um indivíduo ou de uma equipe gerar ideias novas e úteis que, se implantadas pelas organizações e aceitas pelo mercado, tornam-se inovações (Gumusluoglu; Ilsev, 2009; Reis, 2008).

Essa definição de criatividade é elaborada a partir de uma junção entre o contexto social no qual o indivíduo está inserido (ambiente em que se desenvolveu, cultura da organização em que trabalha, comportamento do líder, relação com os colegas, complexidade da função etc.) e fatores individuais (capacidade cognitiva, estratégia cognitiva, variações de personalidade etc.) (Gong; Huang; Farh, 2009; Zhang; Bartol, 2010). Isso revela que a criatividade é uma habilidade desenvolvida de forma individual. Não há fórmula pronta. Inclusive, se duas pessoas forem expostas aos mesmos estímulos, não significa que ambas desenvolverão a criatividade da mesma forma. O que nos desenvolve não é o estímulo em si, mas a forma pela qual reagimos a ele. Vale salientar que ter capacidade cognitiva avançada não torna ninguém mais criativo se essa capacidade não for trabalhada e desenvolvida para isso.

A criatividade é um processo inerente à existência do ser humano, acompanhando a evolução do homem desde o início das civilizações, quando se percebeu a necessidade de criar uma forma de comunicação entre os povos, exigindo a presença do pensamento criativo. Ao longo do tempo, a criatividade foi posta à margem da ciência, em razão, principalmente, da associação errônea da criatividade com inspirações divinas, conforme citado anteriormente (Sternberg; Lubart, 1999).

No trabalho, a criatividade não é relacionada com nenhuma ocupação em particular. Ela é importante para uma imensa variedade de profissões e organizações diferentes (Gong; Huang; Farh, 2009). Atualmente, são poucas as profissões (para não dizer inexistentes) que não utilizam a criatividade em algum momento, em maior ou menor grau.

Existem duas formas de se abordar ou gerenciar a criatividade no âmbito organizacional: como resultado e como processo. Na área da psicologia organizacional, a criatividade é estudada como o **resultado** da aplicação de diversas técnicas e metodologias que impactam a capacidade criativa dos indivíduos. Mais adiante, neste livro, evidenciaremos algumas dessas técnicas. Por sua vez, na área da administração, a criatividade é investigada como um **processo** pelo qual as pessoas almejam aumentar sua capacidade inovadora e, consequentemente, seu desempenho (Dacey e Lennon, 2002). Embora essas duas abordagens tenham origens teóricas distintas, na prática, no dia a dia de uma organização, elas podem ser compreendidas com uma única abordagem.

Mas o que torna uma pessoa criativa? Como a criatividade pode ser desenvolvida? Talvez todos nós tenhamos uma resposta para essas perguntas. Todavia, dificilmente alguma delas abrangerá todas as possíveis formas de se desenvolver a capacidade criativa. A seguir, abordaremos algumas variáveis que a ciência indicou como antecedentes da criatividade.

1.2 Antecedentes da criatividade

Diversos pesquisadores dedicam-se a estudar os fatores que potencializam a criatividade (Amabile, 1983; 1998; Amabile et al., 1996; Tierney; Farmer, 2004). De acordo com esses estudiosos, a motivação intrínseca é o aspecto mais relevante no processo de estímulo à criatividade dos indivíduos. Motivação intrínseca (ou interna) é a motivação que nasce dentro de cada um de nós, inspirados por nossos sonhos e projetos pessoais. Em suma, podemos dizer que a forma como encaramos a vida e seus desafios e a motivação que temos em cumprir com as metas que demos a nós mesmos, sejam elas quais forem, potencializam nossa capacidade criativa, ajudando-nos a desenvolver o que for necessário na busca por nossos sonhos e objetivos ou, mesmo, para solucionar os problemas que, porventura, surjam em nosso caminho nessa busca.

Esses mesmos pesquisadores também afirmam que a influência exercida pela percepção do propósito do trabalho e pelo ambiente adequado promove a capacidade criativa dos indivíduos. Além disso, outras dimensões, como a percepção de apoio à inovação e os estímulos psicológicos dos líderes, também são dimensões motivadores da criatividade (Gumusluoglu; Ilsev, 2009).

Contudo, diversos outros fatores são importantes para potencializar a criatividade, entre os quais três são analisados em destaque por diversos pesquisadores de todo o mundo: a liderança, a gestão do conhecimento e o trabalho em equipe (Amabile et al., 1996; Amabile, 1997). Ter uma liderança orientada para a potencialização da criatividade promove, de forma sustentada, o processo criativo. O líder desempenha um papel importante no encorajamento da promoção de novas ideias nas equipes de trabalho. Na sequência desta obra, retomaremos esse tema demonstrando como a liderança pode alavancar a promoção de novas ideias e a inovação nas organizações.

A gestão do conhecimento adequada possibilita o compartilhamento de experiências mediante a troca de informações, promovendo a construção de competências-chave para a elaboração do processo criativo das equipes. Você já deve ter reparado que, em determinadas situações, as equipes de trabalho conseguem encontrar soluções para determinados problemas que, individualmente, os integrantes dessa equipe provavelmente não conseguiriam. Assim, a solução só se torna possível a partir do momento em que há troca de informações entre os membros da equipe, e essa troca possibilita a geração de uma ideia inédita. É dessa forma que a gestão do conhecimento atua como potencializadora da criatividade (Amabile et al., 1996; Amabile, 1997).

Nessa mesma linha de raciocínio, podemos inserir o trabalho em equipe como agente potencializador da criatividade, pois ele permite a interação interfuncional entre os componentes, eleva a participação de todos nas tomadas de decisão e aumenta a confiança na proposição de novas ideias e novos desafios. Sob essa ótica, a seguir, apresentamos, no Quadro 1.1, diversos outros agentes potencializadores da criatividade.

QUADRO 1.1 – Fatores potencializadores da criatividade

Fatores potencializadores da criatividade	
Autores	Fatores potencializadores da criatividade
Amabile (1983; 1998) Amabile et al. (1996)	- Conjugação grupo/projeto - Autonomia - Perfis de liderança - Recursos adequados - Reconhecimento e apoio - Motivação intrínseca
Csikszentmihalyi (1988)	- Motivação - Tempo de dedicação exclusiva - Estratégia da organização - Acesso à informação e ao conhecimento
King; Schlicksupp (1998)	- Liberdade e abertura dos superiores - Trabalho em equipe - Estratégia comum entre os integrantes da equipe - Ferramentas criativas
De Meyer; Garg (2005)	- Trabalho em equipe - Acesso à informação - Pressão e limite de tempo - Reconhecimento, apoio e premiações - Técnicas de criatividade
Davila; Epstein; Shelton (2007)	- Perfis de liderança - Estímulo à criação de valor - Rede de contatos - Resistências neutralizadas - Cultura voltada à criatividade/inovação - Estratégia voltada à criatividade - Reconhecimento e apoio

FONTE: Reis Júnior, 2014, p. 22.

Assim como outros aspectos cruciais na rotina das organizações, a criatividade não depende apenas da estratégia adotada pela empresa ou do acesso a recursos importantes.

Fundamentalmente, ela se ancora na mente dos colaboradores, que individual ou coletivamente realizam seu trabalho diário, sendo influenciados diretamente pelo contexto social no qual estão inseridos, inclusive fora da organização em suas vidas privadas (Amabile et al., 2004). Sobre esses fatores externos, Shalley, Zhou e Oldham (2004) afirmaram que estes ainda não têm sido incluídos nos estudos desenvolvidos sobre criatividade, mas nem por isso deixam de manter seu grau de importância no desenvolvimento da criatividade na rotina de uma organização.

Diversos fatores impulsionadores da criatividade têm sido identificados pela ciência nos últimos anos. Em primeiro lugar está a relação com os clientes. Perceber a necessidade e os desejos deles é importante porque facilita o desenvolvimento de novos produtos ou serviços voltados para atender a essa necessidade. As opiniões, os desejos e os anseios dos consumidores representam a maior fonte de informação de qualquer empresa. Assim, os dados obtidos podem ser usados para direcionar qualquer processo criativo voltado às melhorias ou inovações em produtos, serviços e processos.

Em segundo lugar, deve-se compreender o contexto do negócio. Entender o mercado em que a organização está inserida e monitorar as tendências e as novas tecnologias promove a criatividade dos indivíduos.

Em terceiro lugar, é importante estabelecer parcerias e alianças, pois elas oportunizam o trabalho de equipes multifuncionais, envolvendo integrantes de diferentes organizações na troca de ideias. Quanto mais heterogêneo for o grupo, maior será a tendência de aumento na proposição de oportunidades de inovação. Isso é notado pelo fato de o modelo de pensamento (*mindset*) das pessoas ser distinto, em virtude dos motivos já mostrados anteriormente: o contexto em que vivem e o ambiente organizacional a que estão submetidos.

Essas três dimensões são consideradas relevantes para promover o pensamento divergente, característica fundamental para potencializar a criatividade nas equipes (Tidd; Bessant; Pavitt, 2005).

1.3 Consequências da criatividade

A inovação é considerada por diversos autores como a principal consequência da criatividade nas empresas (Goffin; Mitchell, 2005; Tidd; Bessant; Pavitt, 2005). Para eles, a criatividade surge no início do processo da inovação por meio da proposição de ideias, as quais originarão novos produtos, processos e serviços úteis à sociedade. Esse processo é, normalmente, desencadeado pelo trabalho em equipes. Contudo, para que a criatividade realmente tenha como consequência uma inovação (trata-se de um contexto mais abrangente, sobre o qual trataremos mais adiante), é preciso que a ideia seja colocada em prática na sociedade, gerando um produto/processo ou serviço de sucesso. A esse respeito, Tidd, Bessant e Pavitt (2005) afirmam que não se pode inovar sem criatividade, pois o conhecimento sem novas ideias não produz criações de valor (novos produtos ou serviços, por exemplo). Nesse sentido, a inovação é um processo que combina ideias novas com conhecimento em valor.

Apesar de os temas "criatividade" e "inovação" serem assuntos diferentes, estão muito relacionados no entendimento da maioria das pessoas. Entretanto, ainda são estudados separadamente pelos pesquisadores. No entanto, segundo Dacey e Lennon (2002), essa distinção é infeliz, uma vez que a criatividade representa para as organizações um aspecto fundamental na geração de novos produtos, processos ou serviços, de forma a lhes garantir a efetividade, a sobrevivência e a competitividade.

1.3.1 Criatividade ao nível das equipes

O processo criativo, quando realizado coletivamente, tende a resultar em ideias mais complexas e robustas em relação ao processo realizado individualmente.

Equipes criativas são aquelas que buscam constantemente identificar oportunidades inéditas para desenvolver novos produtos, novos usos para processos ou equipamentos já existentes, ou para gerar novas e operáveis ideias para o desenvolvimento de seu trabalho (Gumusluoglu; Ilsev, 2009; Reiter-Palmon; Wigert; De Vreede, 2012).

As sete abordagens da criatividade, de Sternberg e Lubart (1999), apresentadas anteriormente, mostram uma linha histórica das pesquisas sobre a criatividade e deixam transparecer que esta nem sempre foi investigada no âmbito das equipes. Apenas a partir da adoção da abordagem pragmática é que a importância das equipes e das relações interpessoais na evolução do pensamento e do processo criativo passou a ser estudada com mais dedicação e profundidade. Ao passo que, nas abordagens mística, psicodinâmica, psicométrica e cognitiva, a análise era exclusivamente no âmbito do indivíduo, as abordagens pragmática, social e sistêmica centralizam-se, também, nas atividades coletivas e nas equipes.

A abordagem pragmática apresentou algumas técnicas de estímulo à criatividade, destacando-se a técnica do *brainstorming*, na qual uma equipe sugere ideias com base na produção de analogias e divergências, buscando soluções para algum problema ou desafio comum. Parte-se da premissa de que, quanto maior for o número de ideias e sugestões, melhor será a solução encontrada (Sternberg; Lubart, 1999). Neste livro, conheceremos algumas técnicas de estímulo à criatividade – entre elas o *brainstorming*.

A abordagem social se destaca pela influência do ambiente sociocultural na capacidade criativa. A inserção em um ambiente adequado e com relações positivas entre as pessoas pode promover a criatividade, unindo-as na busca por soluções em comum. A esse respeito, Sternberg e Lubart (1999) mencionam que a convivência em grupo tende a promover o pensamento criativo dos indivíduos e da equipe em geral.

Por fim, a abordagem sistêmica se caracteriza por ser multidisciplinar, estimulando a construção de divergências positivas entre pessoas de diferentes áreas e de distintos pontos de vista. Essa abordagem permite uma prática organizacional mais sustentável, envolvendo pessoas de diversas áreas do conhecimento trabalhando em equipe, trocando ideias com o objetivo de encontrar oportunidades de inovação (Sternberg; Lubart, 1999).

O êxito organizacional depende, em grande parte, de como essas equipes são montadas e geridas, pois elas são consideradas uma infraestrutura funcional importante na facilitação da criatividade na organização. Uma das formas mais eficazes de se gerenciar a criatividade é por meio da gestão correta das equipes.

Síntese

Neste capítulo, resgatamos a história da criatividade, apresentando as diferentes vertentes que abrangeram o tema até os dias de hoje. Dos primórdios de Platão, na Grécia Antiga, até os mais atuais pesquisadores sobre o tema, a criatividade já foi compreendida de muitas formas: de escolha divina a uma habilidade passível de ser desenvolvida em todos nós.

Ainda, também comentamos sobre os antecedentes da criatividade. Demonstramos como a criatividade é formada por muitas variáveis distintas, cada uma atuando de uma forma e com mais ou menos intensidade em cada um de nós. Além dos antecedentes, conhecemos as consequências da criatividade para nossa vida, ressaltando a importância desse tema, sem o qual não teríamos evoluído da forma como o fizemos com o passar dos séculos.

A partir dos próximos capítulos, a discussão se centrará em compreender como esse fenômeno da criatividade se aplica às nossas vidas pessoal e profissional sob diversos aspectos.

Questões para revisão

1. Assinale a alternativa que apresenta a primeira abordagem da criatividade na história, que entendia a criatividade como um dom divino e restrito a apenas alguns escolhidos pelos deuses:

    a) Abordagem psicodinâmica.
    b) Abordagem mística.
    c) Abordagem psicométrica.
    d) Abordagem pragmática.
    e) Abordagem cognitiva.

2. Com relação ao desenvolvimento da capacidade criativa, assinale a única informação **falsa**:

    a) A criatividade pode ser desenvolvida em qualquer período da vida.
    b) A criatividade existe desde o início da existência dos seres humanos.

c) A criatividade é nata, ou seja, alguns nascem mais criativos que outros.
d) Apesar de existirem diversas técnicas de estímulo à criatividade, isso não quer dizer que todos nós a desenvolveremos da mesma forma.
e) O contexto em que vivemos é um fator importante no desenvolvimento criativo.

3. Leia as três afirmações e, em seguida, assinale a opção correta. São fatores potencializadores da criatividade:

I. Autonomia para pensar e agir.
II. Reconhecimento e apoio dos colegas e superiores.
III. Acesso às informações.

a) Apenas I está correta.
b) Apenas I e II estão corretas.
c) Apenas II e III estão corretas.
d) Apenas I e III estão corretas.
e) Todas as afirmações estão corretas.

4. Estudos dizem que a criatividade em equipe (coletiva) tende a gerar ideias mais robustas quando comparada com a criatividade praticada individualmente. Por qual motivo isso ocorre?
5. Qual é a importância da criatividade nas organizações empresariais?

Questão para reflexão

1. De Meyer e Garg (2005) estudaram e classificaram a pressão e o limite de tempo como fatores potencializadores da criatividade para algumas pessoas. Os autores afirmam que pessoas pressionadas por um prazo apertado tendem

a encontrar soluções engenhosas para seus problemas. Como você vê isso? Pensa ser mais criativo quando é pressionado pelo tempo ou quando tem total liberdade quanto a prazos? Será que isso funciona para todos os indivíduos? Faça uma breve reflexão justificando sua opinião.

2

Perfil do indivíduo criativo: comportamentos e habilidades

Conteúdos do capítulo

- Rebeldia como fonte de criatividade.
- Compreendendo o mundo que nos cerca.
- Medo como principal barreira para a criatividade.
- Importância dos relacionamentos positivos.

Após o estudo deste capítulo, você será capaz de:

1. descrever o perfil de um indivíduo criativo;
2. conceituar iconoclastia;
3. diferenciar desobediência negativa e positiva;
4. compreender a importância da capacidade de percepção do contexto;
5. conhecer as formas de controle do medo (do desconhecido, do isolamento e do fracasso);
6. entender o conceito e a aplicação da inteligência social no processo criativo.

No capítulo anterior, mencionamos que todos nós podemos desenvolver o potencial criativo por estímulos recebidos durante nossa formação e nossa história de vida, bem como fornecidos pelo ambiente organizacional em que estamos inseridos, por meio de possibilidades diversas. Mas, com tantos aspectos que podem, em maior ou menor intensidade, formar nossa capacidade e nossa habilidade em gerar ideias, será que existem algumas características em comum entre as pessoas reconhecidamente mais criativas? É o que analisaremos neste capítulo.

A neurociência tem-se destacado como a área do conhecimento que produziu os resultados mais interessantes, até agora, na busca pela compreensão do perfil do indivíduo criativo. Gregory Berns, neurocientista, pesquisador e professor da Emory University, em Atlanta, Georgia (EUA), publicou, em 2009, a obra intitulada *O iconoclasta*. Nesse livro, Berns explica, com argumentos científicos, de que forma algumas características são comuns entre indivíduos criativos, independentemente da forma pelas quais elas se desenvolveram.

Antes de entrarmos nesse assunto, vamos esclarecer o que são iconoclastas. A origem da palavra remete a pessoas que abominavam qualquer tipo de culto ou idolatria religiosa, chegando ao ponto de destruir imagens religiosas, símbolos ou monumentos. Evidentemente, não foi esse o significado que levou Berns a desenvolver sua teoria. Assim, *iconoclasta* passou a ser um termo utilizado para descrever pessoas que tendem a contestar regras, opõem-se a determinadas convenções, regras ou normas – o popular "desobediente". Culturalmente, *desobediente* é um adjetivo aplicado quando queremos nos referir a alguém que não cumpre regras, é questionador e rebelde – sempre com sentido negativo.

Mas será que a desobediência pode ser uma virtude? Como transformar essa característica em um impulso para a criatividade sem provocar ruídos e desentendimentos (principalmente com seu chefe) no ambiente de trabalho?

Berns (2009) explica que a desobediência pode ser uma qualidade quando bem dosada e bem embasada. Sob essa perspectiva, o perfil do indivíduo criativo é representado por três características bem definidas:

1. capacidade de perceber o contexto ao seu redor de forma diferente;
2. habilidade de controlar o medo e o receio com relação ao fracasso, ao desconhecido e ao ridículo;
3. altos níveis de inteligência social.

2.1 Percepção do contexto

No capítulo anterior, aprendemos que a criatividade se desenvolve a partir de informações e experiências passadas. Berns (2009) argumenta que, apesar de ser um formato de nossa capacidade criativa, tais elementos também podem representar uma limitação às pessoas que desejam realmente fazer algo diferente. Você já reparou que muitos jovens – portanto, pessoas com menos experiência de vida –, por vezes, têm ideias revolucionárias e totalmente inéditas? A explicação para isso vem da fisiologia.

Nosso cérebro, por questões naturais e de sobrevivência, tende a poupar o máximo de energia possível. Isso torna nossa criatividade extremamente dependente das informações que temos guardadas nesse órgão, o que faz desse aspecto um elemento limitador. Em suma, as mesmas informações e experiências que formam nossa capacidade criativa e fazem o cérebro ser eficiente podem nos limitar. Como os jovens ainda não detêm muitas informações, não têm tantos fatores limitantes.

Para minimizar os efeitos desse fenômeno, Berns (2009) sugere aumentar nossa percepção sobre o mundo. Se nossa capacidade criativa se baseia em informações e experiências, continuamos alimentando nosso cérebro com novas informações e novas experiências continuamente. Somos capazes de aprender e reaprender em qualquer período da vida, criando novos contextos.

Quanto mais experiente for a pessoa, mais ela tenderá a ser resistente a novas informações. Isso se deve à falsa impressão de que as informações adquiridas são suficientes para definir seu comportamento. Esse é um erro a não se cometer. Mas se policiar quanto a isso, na prática, não é uma tarefa simples. Saber que somos seres constantemente em formação pode ser um importante primeiro passo. Mudar de ambiente, estabelecer novas relações, exercitar a imaginação e ampliar os interesses são exemplos de ações que podem auxiliar nesse processo.

Nosso cérebro tende a criar esses padrões com base nas informações passadas e, por isso, acaba resistindo a absorver novas informações que contraponham as anteriores, dificultando o processo criativo. O Triângulo de Kanizsa (Figura 2.1) mostra isso na prática.

FIGURA 2.1 – Triângulo de Kanizsa

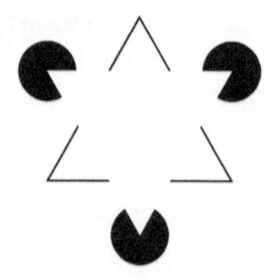

A imagem mostra três figuras com círculos pretos parcialmente completos e mais três pares de linhas em formato de "V". Depois de alguns segundos olhando a imagem, é bem provável que você identifique um triângulo branco no centro. O mais interessante disso é que, além de esse triângulo não existir de fato, ainda é quase impossível deixar de vê-lo após seu cérebro tê-lo identificado pela primeira vez.

Nosso cérebro tende a funcionar assim para tudo. Afinal de contas, fisiologicamente, é muito mais fácil para ele (cérebro) mostrar o triângulo branco já registrado como uma informação do que tentar ver as figuras ao redor e questionar a existência desse triângulo. A partir do momento em que temos as informações registradas, praticamente todo o nosso processo criativo fica limitado ao uso dessas informações. Na prática, nossa capacidade de ver as coisas sobre outra ótica acaba sendo limitada. Esse exemplo representa a percepção visual, mas a lógica de funcionamento é a mesma para qualquer outra percepção.

Quando os indivíduos se esforçam para enxergar de forma diferente, o cérebro amplia a possibilidade de desenvolver novas ideias. Esse processo, todavia, não é fácil, uma vez que demanda a consciência própria do indivíduo sobre suas limitações e exige do cérebro "preguiçoso" uma carga de energia muito maior (Berns, 2009).

Walt Disney, Warren Buffett, Pablo Picasso, Ray Kroc (McDonald's) e Steve Jobs são alguns dos indivíduos iconoclastas citados por Berns (2009) em seu livro, não só pelos seus feitos incríveis como empresários e artistas, mas também pela capacidade de ver o que outros não conseguiam e de fazer o que outros diziam não ser possível. A nós, meros mortais, fica a certeza de que essas pessoas não têm (ou tinham) inteligências superiores, cérebros privilegiados ou nada nessa linha; apenas contavam com a capacidade de ver além do óbvio e lutar contra suas limitações, sem ficarem presos ao passado ou a informações limitantes. A grande virtude deles era conhecer as próprias limitações e saber que sempre seriam aprendizes absorvendo novas informações e novas experiências e percebendo o mundo de forma mais completa, propiciando, assim, novas ideias incríveis (Berns, 2009).

2.2 Controle do medo

Pensar de forma criativa, gerar ideias ou se expor para transmiti-las, segundo Berns (2009), pode estimular no cérebro o sistema do medo. Muitas pessoas veem isso como um fator limitante, em decorrência do medo do desconhecido, do diferente, do isolamento e do fracasso.

Todos nós sentimos esses medos rotineiramente, mas algumas pessoas conseguem administrá-los, movidos pela motivação e pela autoconfiança, para que não sejam fatores limitantes de sua criatividade. Mais adiante, neste livro, explicaremos que o risco é inerente à inovação. Portanto, nenhuma inovação nasceu sem a administração de certo nível de risco.

Com a criatividade, é a mesma lógica. Toda ideia, por mais que seja estruturada e com base em múltiplas informações, é acompanhada de alguma chance de tudo sair errado. Da mesma forma que uma empresa deve ter diversas ferramentas, metodologias e técnicas para minimizar esses riscos, nós, como indivíduos, também devemos ter.

Fisiologicamente, o medo age no cérebro causando *stress*. Esse fenômeno serve como defesa, pois gera uma sensação desagradável e nos leva a crer que a melhor forma de lutar contra é sair da situação o mais rapidamente possível, mesmo que a ação necessária para isso não seja a mais adequada. É nesse ponto que nossa criatividade fica limitada. A partir do momento em que somos forçados pelo cérebro a se desvencilhar de uma situação desagradável, faremos isso baseando-nos na primeira ideia que vier à mente. Portanto, não nos dedicamos a encontrar alternativas melhores por receio de aumentar ainda mais a intensidade da emoção negativa presente.

2.2.1 Medo do desconhecido

O medo do desconhecido é muito presente no pensamento criativo. E é bom que seja assim, pois ele nos coloca em posição de proteção e de administração do risco. Se na vida isso já é importante, em uma organização é ainda mais. Mas quando está presente em nível elevado, o medo acaba bloqueando algumas boas ideias justamente pela imprevisibilidade inerente a elas. Quanto mais audaciosa for uma proposta, mais difícil será prever as consequências dela. Isso é natural! Imagine Walt Disney se aproximando de você e contando sobre os planos dele de construir o maior parque de diversões do mundo. Provavelmente, você levaria um susto (é o medo começando a agir) e o chamaria de louco ou de outro adjetivo semelhante.

Alguns ainda tentariam persuadi-lo a desistir da ideia, unicamente pelo receio de enfrentar o desconhecido (Berns, 2009).

Durante o processo criativo, o cérebro naturalmente tenta enviar informações sobre as prováveis consequências de suas ideias. Mas quando tais informações não são enviadas por serem desconhecidas, é desencadeada a sensação de medo.

Ellsberg (1961) fez um experimento bem interessante para demonstrar como o medo do desconhecido pode nos limitar. O autor convidou um grupo de pessoas que não se conheciam e mostrou a elas duas urnas fechadas:

- uma urna, à esquerda, com cem bolas, sendo 50 de cor branca e 50 de cor preta;
- outra urna, à direita, também com cem bolas, mas sem dizer a proporção entre brancas e pretas.

O pesquisador pediu a todos que fossem, um a um, em direção às urnas, escolhessem uma delas e tirassem uma bola aleatoriamente. Aqueles que tirassem uma bola preta ganhariam um prêmio em dinheiro. Após cada retirada, a bola era recolocada novamente na urna, para que todos tivessem o mesmo cenário.

O resultado foi que a grande maioria dos indivíduos escolheu a urna da esquerda, com 50 bolas de cada cor, em detrimento da outra urna, com distribuição desconhecida. As pessoas optaram pelo conhecido, mesmo havendo a chance de todas as bolas da urna da direita serem pretas. A aversão à urna da direita foi causada pelo cenário desconhecido, mesmo que este pudesse ser muito mais favorável.

Por isso, o medo do desconhecido deve ser administrado, já que nenhuma ideia é isenta a risco. Esse risco aumenta na medida em que a ideia fica mais complexa. Saber que não é possível dominar todas as informações inerentes a algo novo pode ser a chave para não se deixar dominar pelo medo.

2.2.2 Medo do isolamento

Berns (2009) explica que superar o receio de ficar isolado é uma característica de pessoas criativas e inovadoras. Ir contra a opinião majoritária e contrariar o que os outros pensam ser evidente podem ser características dos "desobedientes bem intencionados". O medo de ficar isolado não necessariamente diminui a capacidade de agir, mas cria no indivíduo a dúvida sobre se aquilo que ele pretende fazer é realmente o correto a ser feito.

Isolar quem pensa diferente é algo natural do ser humano e já se fez presente ao longo da história. Por exemplo, mesmo com todos os argumentos científicos, Galileu Galilei sofreu diversas punições severas por parte da Igreja Católica quando apresentou a teoria heliocêntrica. O argumento da Igreja para justificar as punições a Galilei se sustentava unicamente no fato de que o astrônomo estava na direção contrária do que a maioria acreditava naquele momento (Berns, 2009). Ainda hoje, são claras as evidências que colocam a opinião de um grupo como mais importante do que alguma opinião individual. Isso acaba direcionando a criatividade individual para a vala comum, sem a audácia necessária para levar a grandes ideias revolucionárias.

Salomon Asch (1955), um dos pioneiros em estudos de psicologia social, publicou, em 1955, o estudo *Opinions and Social Pressure* ("Opiniões e pressões sociais", em tradução livre). Nesse estudo, Asch realizou um teste para encontrar evidências para sua teoria de que um grupo é capaz de mudar a opinião de uma pessoa, mesmo que esta esteja certa de sua decisão.

Assim, o pesquisador montou um grupo de 50 pessoas para o teste e mostrou a eles a seguinte figura (Figura 2.2):

FIGURA 2.2 – Teste de Asch

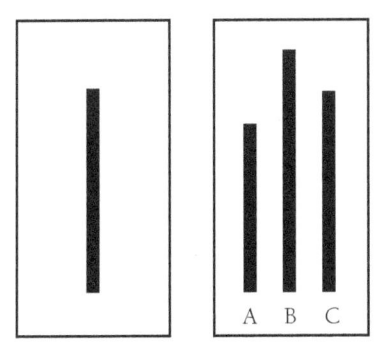

```
        ┌─────┐
        │ A B C│
        │ │││ │
        └─────┘
```

FONTE: Asch, 1955, p. 3.

Com a figura aparente a todos, Asch (1955) questionou: Qual das linhas à direita (A, B ou C) é a mais parecida com a linha-alvo, à esquerda? A resposta parece meio óbvia, mas o teste tinha um detalhe importante. Das 50 pessoas presentes, 49 eram atores, e apenas uma pessoa era uma participante real do teste.

Em uma lista já preestabelecida, e com o participante real colocado propositalmente na parte final da lista, o pesquisador começou a pedir as respostas para o questionamento. Imagina-se que o participante real naquele momento, assim como você agora (esperamos!), estava com a resposta C na mente e aguardando sua vez de responder.

Pois bem, os participantes atores começaram a ser chamados e, surpreendentemente, aos olhos do participante real, começaram a responder as opções A e B. Quando chegou a vez do participante real, cerca de 75% dos atores tinham respondido A ou B. Os outros 25% responderam C apenas para manter o ambiente real. Considerou-se que, se ninguém respondesse "C", o participante real provavelmente desconfiaria do teste. Mas ficou claro, quando a vez do participante real chegou, que a grande maioria dos participantes tinha uma visão diferente da dele. Esse teste foi realizado diversas vezes, sempre com um participante real no meio dos atores. Em todas as vezes, a porcentagem dos atores que respondiam a letra "C" variava.

E a premissa de Asch (1955) estava correta. Movido pela opinião da maioria, quase todos os participantes reais moldaram sua resposta de acordo com as respostas daqueles que os antecederam, e não de acordo com o que realmente acreditavam estar certo. A partir do momento em que mais de 75% dos atores respondia A ou B, o participante real trocava sua opinião pela da maioria. O medo do isolamento prevaleceu na decisão das pessoas testadas.

Assim como os medos anteriores, o medo do isolamento é natural ao ser humano. Somos seres coletivos, por isso imaginar sermos isolados de nossos pares já nos causa certo desconforto e altera nossa capacidade de percepção. Argumentar a favor de sua ideia e tentar trazer algumas pessoas para o "seu lado" pode ser uma opção nesse momento antes de decidir se segue ou não em frente com ela.

Para saber mais

DOZE homens e uma sentença. Direção: Sidney Lumet. EUA: FOX/MGM Pictures, 1957. 96 min.

Neste filme, um jovem porto-riquenho é suspeito de assassinar o próprio pai. No julgamento, 12 jurados são destinados para declará-lo culpado ou inocente. Segundo as leis americanas, a decisão deve ser unânime. Na primeira votação, 11 dos jurados consideram o réu culpado, mas o 12º jurado o considera inocente. Inicia-se, assim, uma grande discussão e um debate intenso e com um final surpreendente. O jurado que votou pela inocência nos dá uma aula de comunicação e de como vencer o medo do isolamento por meio da argumentação.

2.2.3 Medo do fracasso

O medo do fracasso está diretamente ligado à aversão ao risco, alterando nossa percepção e inibindo nossas ações. Berns (2009) explica que esse medo causa uma sensação de possibilidade de perda, o que, para muitas pessoas, já é o suficiente para inibir o processo criativo mais complexo, com ideias mais radicais. A possibilidade do fracasso tende a fazer as pessoas não se arriscarem. Estamos diante de um paradoxo, pois a criatividade é um processo que envolve risco e que pode fazer as pessoas temerem a possibilidade de fracasso, o que, por sua vez, acaba inibindo a própria criatividade.

Assim, Berns (2009) sugere que, se uma ideia, invariavelmente, é composta por aspectos positivos e negativos, as pessoas devem centrar-se nos aspectos positivos e procurar diminuir o grau de importância dos pontos negativos, tudo com muita responsabilidade. Não é a existência do risco que faz as pessoas desistirem de suas ideias, mas sim a importância exagerada que tende a ser dada a isso.

Uma sugestão prática para minimizar o medo do fracasso é incorporá-lo ao processo criativo como um aprendizado. Tentar anular as possibilidades de fracassar é inútil. Portanto, ao ver essa possibilidade como um futuro aprendizado, o indivíduo minimiza os efeitos negativos e passa a ver o fracasso como algo "bom", uma vez que esse cenário alimentará os futuros processos criativos com ainda mais informações.

Há uma frase muito popular, de autor desconhecido, segundo a qual *na vida nunca se perde; ou você ganha ou você aprende*. Ela representa uma forma muito simples de lidar com nossos medos. Administre ao máximo o risco inerente ao processo criativo, com técnicas, metodologias, planejamentos etc. Mas, acima de tudo, minimize os riscos dentro de você mesmo. E isso só você mesmo pode fazer.

FIGURA 2.3 – Importância das opiniões diferentes

Max Ribeiro

2.2.4 Superando os medos para ser criativo

Todos os medos analisados devem ser ultrapassados para que possamos colocar nosso potencial criativo em prática e sermos considerados indivíduos criativos e inovadores. Para Berns (2009, p. 22), o inovador

> é o tipo de pessoa que cria novas oportunidades em todas as áreas, desde a expressão artística até a tecnologia e os negócios. O iconoclasta incorpora traços de criatividade e inovação que não são facilmente alcançados pelo conselho de diretores; evita a autoridade e a convenção; enfrenta as regras. Mas, se utilizada de forma conveniente, a iconoclastia pode ser um recurso vital para qualquer empresa.

Mas como fazer isso? Como minimizar os efeitos desses medos para que consigamos utilizar o máximo de nossa capacidade criativa? Existe uma fórmula mágica para isso?

Berns (2009) apresenta algumas ações e comportamentos que podem nos ajudar nesse desafio. Salientamos que não se trata de uma receita pronta. Cada indivíduo reage de maneira diferente, de acordo com a intensidade de seus medos e sua capacidade cognitiva para neutralizá-los.

Parece um pouco óbvio, mas estudos demonstram que a melhor forma de eliminar ou minimizar o medo do desconhecido é... conhecendo-o! Quase todos nós já tivemos aquela sensação de ir a um parque de diversões e se ver em frente ao brinquedo mais radical. A menos que você consiga disfarçar muito bem, é natural sentir medo nesse momento. E esse medo vem, principalmente, pelo fato de você não ter nenhuma referência anterior sobre a sensação proporcionada pelo brinquedo. É natural que algumas pessoas simplesmente travem e recusem a diversão, já antecipando que será uma sensação desagradável. Contudo, outras pessoas, movidas por motivos diversos, resolvem encarar a aventura. Alguns não vão gostar, é verdade, mas é muito provável que, para muitos, a experiência seja positiva e lhes faça querer experimentá-la outras vezes.

Mas o que mudou nesse tempo? Simples! Antes de ir no brinquedo pela primeira vez, tudo era desconhecido, mas a partir da segunda, deixou de ser. Parece um exemplo simplista, mas essa lógica funciona em todas as situações. Encher-se de coragem para dar o primeiro passo pode ser importante para que, posteriormente, em situações semelhantes, você já tenha o que é necessário para propor ideias mais inovadoras, questionando o *status quo*.

Uma estratégia eficaz contra o medo do isolamento e contra a tendência de seguir um "rebanho" é esperar para que apenas um indivíduo destoe desse rebanho. A partir desse momento, o indivíduo criativo tem a oportunidade de recrutar esse indivíduo dissidente e trazê-lo para seu lado, diminuindo os efeitos do isolamento com o apoio de pessoas que tenham ideias similares. A simples presença de alguém com pensamentos e ideias similares às nossas cria um ambiente propício para expormos ideias, expectativas e suposições mais enraizadas (Berns, 2009).

A sociedade mostra, com cada vez mais clareza, que não importa o quão "estranha" possa parecer sua forma de pensar, suas expectativas ou suas ideias. Você sempre encontrará alguém com forma semelhante de pensar. O fácil acesso às informações que a internet nos proporciona tornou essa tarefa ainda mais fácil. A partir do contato com esses "aliados", é possível analisar melhor suas ideias, tomando, assim, decisões melhores em relação a elas.

No âmbito organizacional, o efeito do isolamento pode ser minimizado a partir dos altos níveis de confiança existentes entre os membros de uma equipe. A comunicação transparente e a liberdade de expressão, por exemplo, são fundamentais para nos sentirmos à vontade para manifestar nossas ideias mais arraigadas (Berns, 2009).

O medo do fracasso pode ser controlado a partir do momento que o indivíduo sabe que esse medo estará presente em quaisquer situações. Absolutamente tudo que fazemos em nossa vida envolve alguma chance de fracasso. Por mais que seja irrisória em alguns momentos, a chance de dar tudo errado sempre existe. Ter consciência disso pode nos ajudar a superar essa limitação (Berns, 2009).

Segundo Berns (2009), o medo do fracasso só será superado a partir do momento que o indivíduo conceber o fracasso como aprendizado, como já mencionamos. Se analisarmos nossas próprias vidas – mesmo que você, leitor, seja ainda jovem –, veremos que muitos fracassos moldaram nossa personalidade, e quase certamente para melhor. O aprendizado é fundamental para nosso desenvolvimento em todos os sentidos. Assim, quando o fracasso é visto como estopim desse aprendizado, tudo tende a se tornar mais fácil. E pode parecer um paradoxo, mas quanto mais impactante for o fracasso, mais ele ensinará a superar os medos.

2.3 Inteligência social

Assim como a percepção do contexto e o controle do medo, a inteligência social desponta como uma característica imprescindível para pessoas criativas. A inteligência social pode ser entendida como a capacidade de os indivíduos reagirem de forma adequada a quaisquer cenários e contextos sociais, mantendo relações saudáveis e positivas com outras pessoas (Goleman, 2012).

Apesar de o conceito de inteligência social ter sido apresentado pelo psicólogo norte-americano Edward Thorndike, por volta de 1930 (não há um consenso sobre isso na literatura), para explicar a habilidade de certas pessoas de se comportar em determinadas situações sociais, foi apenas no século XXI que os estudos sobre a temática se popularizam. Goleman (2012) se junta a Berns (2009) como os dois dos mais respeitados pesquisadores de inteligência social. A contribuição de ambos para a ciência do comportamento humano é inestimável. Seus estudos sobre a inteligência social ajudaram (e ajudam) a compreender como o ser humano pode desenvolver uma série de habilidades, entre elas, ser reconhecidamente mais criativo por meio do desenvolvimento da inteligência social.

A inteligência social pode ser desenvolvida por qualquer indivíduo. Algumas habilidades que a compõem são:

- **Comunicação verbal**: habilidade de se comunicar claramente, de forma escrita ou falada, tirando o máximo proveito de cada uma delas; saber equilibrar as habilidades de falar e ouvir.
- **Comunicação não verbal**: comunicação feita por gestos, expressões, características físicas, imagem, postura, entre outros elementos. Pessoas inteligentes socialmente sabem conduzir esses aspectos conforme o contexto e, principalmente, de acordo com o que dizem.
- **Empatia**: saber se colocar no lugar dos outros, entender o contexto alheio e adequar o próprio comportamento conforme essas informações.
- *Feedback*: habilidade de expor de forma clara, direta e eficaz todas as informações, positivas ou negativas, sobre outras pessoas de modo a torná-las melhores; saber criticar e elogiar no momento certo e sem exageros.
- **Autoapresentação**: capacidade de se apresentar de forma adequada às mais variadas situações. Significa ter autenticidade, mantendo-a nos mais variados contextos.
- **Assertividade**: consiste no equilíbrio entre ser passivo e agressivo; não ter receio de expressar suas opiniões, percepções e ideias, mas fazê-lo de forma educada, polida e confiante, respeitando opiniões contrárias; manifestar-se de modo a equilibrar os desejos próprios e os desejos alheios.

Mas como a inteligência social pode melhorar a capacidade criativa no trabalho? A principal resposta para esse questionamento reside na necessidade de as pessoas criativas convencerem outros sujeitos de que suas ideias são realmente boas. A criatividade só traz resultados no meio organizacional a partir do momento em que gera uma inovação implantada com sucesso no mercado. Naturalmente, nesse processo, muitas pessoas estão envolvidas, oriundas de diferentes formações e culturas e com os próprios medos e percepções. Por isso, habilidades inerentes à inteligência social são indispensáveis para que qualquer profissional seja reconhecido como criativo no trabalho. Cria-se, assim, uma rede de relacionamento, elemento fundamental para o sucesso do processo criativo de qualquer indivíduo ou grupo (Goleman, 2012).

Entretanto, para isso acontecer e essa rede de relacionamento ser desenvolvida, dois elementos precisam ser observados: a familiaridade e a reputação (Berns, 2009).

1. **Familiaridade**: desenvolver familiaridade se refere ao alinhamento entre o conteúdo que você produz com sua imagem, seu nome e sua aparência. Trata-se de se tornar conhecido mesmo sem ser. Berns (2009) explica que seu rosto, sua linguagem, seu carisma e seu poder de atração desenvolvem nas pessoas ao redor a sensação de familiaridade. É a famosa primeira impressão que criamos de todas as pessoas que conhecemos. Lembre-se de que temos uma tendência ao medo do desconhecido. Portanto, quanto antes as pessoas lhe conhecerem e atribuírem a você uma imagem positiva, mais eficiente será seu relacionamento com elas. Apesar de todos nós estarmos sujeitos aos julgamentos alheios na construção da primeira impressão, são poucos os profissionais que se preocupam com isso de forma consciente. Se a primeira impressão que as pessoas fizerem de nós for negativa, criar-se-á, imediatamente, um bloqueio natural a todo o nosso conteúdo produzido, incluído às ideias inovadoras. O contrário também acontece, pois há uma tendência maior de acreditarmos nas ideias das pessoas com as quais temos familiaridade.

2. **Reputação**: pode ser entendida como a decorrência ou o resultado da familiaridade. É o resultado de um processo longo, no qual as pessoas começam a acreditar e a confiar em suas opiniões por estas terem-se mostrado acertadas anteriormente. Por exemplo, Jack Welch, eterno CEO da General Eletric Company®, construiu uma carreira tão grandiosa em razão de suas decisões acertadas no comando da organização que sua reputação chegou ao âmbito mundial. Tudo que ele falava se tornava praticamente uma regra a ser obedecida na área de gestão. Poucas pessoas ousavam questioná-lo, apesar de ele sempre salientar a importância desse aspecto em suas declarações. As empresas (marcas) também podem desenvolver uma reputação. Apple, Toyota, 3M e Mercedes-Benz são exemplos de excelente reputação construída ao longo de suas histórias. Antes mesmo de elas lançarem seus produtos no mercado, você já sabe que eles estarão à altura da qualidade, inovação e reputação dessas empresas.

Portanto, segundo os autores citados, podemos concluir que o perfil do indivíduo criativo e inovador é formado pela capacidade de perceber o mundo à sua volta de uma forma apurada, detalhada e distante do senso comum; pela capacidade de controle dos medos inerente ao processo criativo (medo do desconhecido, do fracasso e do isolamento); e pela sua inteligência social, investindo em sua rede de relacionamento, provocando familiaridade com as pessoas ao seu redor e construindo, pouco a pouco, sua reputação.

Síntese

Neste capítulo, percebemos que é extremamente limitante a crença popular de que a pessoa criativa é aquela que gera muitas ideias. As ideias não valem absolutamente nada se não forem aplicadas. Portanto, é o comportamento individual e as habilidades entre a geração da ideia e sua implantação que vão definir a capacidade criativa do sujeito.

Outro ponto interessante que analisamos neste capítulo refere-se à importância que os pesquisadores Berns (2009) e Goleman (2012) conferem à construção desse perfil criativo, considerando a imagem que outras pessoas têm desse perfil. Logo, a maneira como somos vistos é tão ou mais importante do que a forma como realmente somos. Diante disso, invista tanto em seu desenvolvimento pessoal quanto em compreender como ser melhor aos olhos dos outros. Isso fará muito diferença em sua vida profissional. Essa não é uma tarefa fácil, mas é justamente tal dificuldade que separa alguns profissionais excepcionais dos demais.

No próximo capítulo, avançaremos para compreender como o processo criativo acontece nos indivíduos. Independentemente de o indivíduo ter, em maior ou menor grau, o perfil criativo descrito por Gregory Berns (2009), o processo criativo se desenrola com base em alguns princípios, os quais serão debatidos no próximo capítulo.

Questões para revisão

1. Assinale a alternativa que apresenta o autor da obra *O iconoclasta*, leitura indispensável para a compreensão do perfil criativo.

    a) Gregory Berns.
    b) Daniel Goleman.
    c) Sigmund Freud.

d) Platão.
e) Howard Gardner.

2. Com relação às caraterísticas das pessoas criativas, avalie as afirmações a seguir e, depois, assinale a alternativa correta:

   I. Têm capacidade de perceber o contexto ao seu redor de forma diferente.
   II. Controlam o medo e o receio em relação ao fracasso, ao desconhecido e ao isolamento.
   III. Apresentam altos níveis de inteligência social.
   IV. Gostam de ter o poder sobre os demais, aumentando as chances de ter suas ideias aceitas.

   a) Todas as alternativas estão corretas.
   b) Apenas I, II e IV.
   c) Apenas I e III.
   d) Apenas I e II.
   e) Apenas I, II e III.

3. Assinale a opção que apresenta os três tipos de medo que podem ser desencadeados durante o processo criativo de uma pessoa:

   a) Do desconhecido, do isolamento e da punição.
   b) Do custo, do diferente e do fracasso.
   c) Do desconhecido, do isolamento e do fracasso.
   d) Do custo, das pessoas, do isolamento e do diferente.
   e) Do chefe, do diferente e do fracasso.

4. A tendência de rejeitar prontamente uma ideia que vai contra a crença popular da maioria é uma característica muito comum em nossa sociedade. Qual é o principal motivo que leva as pessoas a agir dessa forma?

5. A capacidade de comunicação e argumentação é uma arma muito eficaz contra o medo do isolamento. Como a comunicação pode ajudar nesse aspecto?

Questão para reflexão

1. Pense em sua realidade como profissional ou estudante (ou ambos) e reflita: Qual dos medos explicados neste capítulo você consegue identificar em si mesmo quando deseja expor uma ideia? Consegue lembrar-se de uma alguma situação em que alguns desses medos lhe prejudicou? Escreva um pequeno texto de reflexão contemplando sua opinião e sua história.

3

Processo criativo: ideias surgindo

Conteúdos do capítulo

- Etapas do processo criativo.
- Três princípios mentais: atenção, fuga e movimento.
- Barreiras à criatividade.
- Práticas de estímulo à criatividade.

Após o estudo deste capítulo, você será capaz de:

1. elencar as características do processo criativo;
2. identificar as etapas do processo criativo;
3. compreender os três princípios mentais: atenção, fuga e movimento;
4. diferenciar os tipos de barreiras do processo criativo;
5. reconhecer as barreiras organizacionais à criatividade;
6. entender as práticas organizacionais de estímulo à criatividade.

Neste capítulo, apresentaremos alguns princípios criativos responsáveis por guiar os indivíduos na busca pela criatividade: a atenção, a fuga e o movimento. Mesmo a criatividade sendo um processo aberto, esses três princípios são comuns a todos nós, independentemente dos caminhos que optamos para o desenvolvimento da criatividade.

Conheceremos as principais barreiras e práticas de estímulo à criatividade. Ultrapassar essas barreiras, ou ao menos minimizar seus efeitos, é fundamental para a evolução do processo criativo. As organizações também podem ajudar nesse processo por meio de algumas práticas de estímulo que, mesmo apresentando níveis de eficácia distintos para cada indivíduo, tendem a colaborar com a criatividade coletiva da organização.

Por fim, indicaremos duas ferramentas de mensuração da criatividade, uma delas em âmbito individual e por equipes, e outra na esfera organizacional. A mensuração é importante principalmente para que os gestores possam monitorar a eventual existência ou o surgimento dessas barreiras à criatividade e, ao mesmo tempo, impulsionar as práticas de estímulo necessárias para o desenvolvimento da criatividade no seio organizacional.

3.1 Componentes do processo criativo

A criatividade é um processo individual e aberto, motivo pelo qual não pode ser representada ou explicada esquematicamente, tampouco está sujeita à definição de um passo a passo, um tutorial ou quaisquer orientações preestabelecidas para que aconteça, sob pena de gerar o efeito inverso, bloqueando-a.

No entanto, a criatividade pode ser estimulada de diversas formas, e, embora cada indivíduo tenha uma maneira particular para esse fim, existem alguns princípios mentais de desenvolvimento do processo criativo comuns à grande parte das pessoas. São eles: atenção, fuga e movimento, dos quais trataremos a seguir.

3.1.1 Atenção

Segundo o Dicionário Aulete Digital, *atenção* significa "Concentração total ou parcial da mente em alguma coisa [...]" (Aulete; Valente, 2021). Nesse sentido, representa o momento em que nossa mente está totalmente voltada a uma necessidade específica. Quando dedicamos atenção a algo, compreendemos melhor o contexto que nos cerca e, desse modo, conseguimos obter mais informações a respeito de um problema a ser resolvido ou de um cenário a ser compreendido. Assim, a atenção possibilita maior percepção de detalhes e aumento da capacidade de estruturação de ideias com o objetivo de sanar uma situação-problema.

Então, a atenção é a fase inicial de análise, na qual uma situação-problema deve ser entendida em toda a sua totalidade, independentemente da complexidade. Compreender todas as variáveis que podem influenciar possíveis soluções é de suma importância (Siqueira, 2015).

Estudo de caso

Parte I

Você sabia que o Reino Unido estabeleceu o ano de 2035 como o último ano com vendas de carros a combustão? A partir dessa data, apenas carros elétricos ou com fontes alternativas de energia limpa poderão ser comercializados na ilha britânica. O fator motivador dessa decisão é, incontestavelmente, positivo, pois visa diminuir os efeitos dos gases poluentes sobre o efeito estufa da Terra. Mas você sabia também que o Reino Unido conta, hoje, com uma das maiores e mais bem-sucedidas indústrias automobilísticas do mundo, que representa uma parcela significativa do PIB e gera milhões de empregos diretos e indiretos?

Agora, exercite sua capacidade de empatia e coloque-se no lugar de executivos desse setor. Você deve concordar que não é fácil descobrir que praticamente todos os produtos que você desenvolve atualmente não poderão mais ser comercializados dentro de alguns anos, certo?

Esse tipo de situação certamente exigirá muito esforço e dedicação por parte dos executivos e dos tomadores de decisão para ser solucionada. Afinal, ou as empresas se adaptam rapidamente ao novo cenário que se aproxima ou, simplesmente, vão fechar as portas. Esse é um exemplo de uma situação em que a **atenção** de todos os envolvidos deve estar concentrada para que todo o contexto dessa inevitável mudança seja analisado. Algumas perguntas podem ajudar no processo de atenção: Quem são os envolvidos? Quais competências serão necessárias? Como nossos clientes se adaptarão? Quais tecnologias já estão disponíveis hoje? É possível manter o processo de produção atual? O que podemos contar? Onde devemos investir? Como fazer isso da forma mais fácil, rápida e barata?

Ao realizar essas reflexões, todos os indivíduos envolvidos com a mudança dedicarão sua atenção para melhor compreender a situação-problema.

3.1.2 Fuga

O termo *fuga* pode ser definido como "Saída às pressas para escapar de alguém ou de algum perigo [...]" (Aulete; Valente, 2021). No contexto da criatividade, o perigo do qual devemos escapar reside em modelos prontos de pensamento, no senso-comum, no comodismo, nas barreiras mentais relacionadas a projetos que não foram bem-sucedidos, nas escolhas mal-feitas, nos momentos de indecisão ou de falta de posicionamento etc., comuns a todo ser humano em algum momento da vida.

Segundo Ramos (2014, grifo do original), existem cinco categorias limitantes do pensamento que podem boquear o processo criativo dos indivíduos, a saber:

> **Culturais:** barreiras que o indivíduo impõe a si mesmo, gerados pela cultura e pelos conceitos aprendidos desde a infância, normalmente comuns à sociedade, cultura ou grupo a que o indivíduo pertence. Estes bloqueios impedem o indivíduo de aceitar o modo de pensar de indivíduos que pertencem a outros grupos ou culturas;
> **Intelectuais e de Comunicação:** falta de habilidade para formular e expressar ideias com clareza e [...] para reconhecer problemas [...]. Às vezes ocorre por falta de

conhecimento sobre o assunto, excesso de especialização[1] [...] e incapacidade de enxergar além do observado;
Emocionais: desconforto [...] ao lidar com determinadas situações ou ao enfrentar determinados problemas. Muitas vezes têm origem nos traumas vividos, seja na infância ou na idade adulta. Impedem o indivíduo de se comunicar adequadamente com outras pessoas quando envolve comunicar suas ideias e sentimentos e se caracteriza como medo de correr riscos, medo de parecer tolo ou ridículo na frente de outros, medo de arriscar, dificuldade para resolver problemas, pensamentos negativos e baixa autoestima;
Percepção: bloqueios que dificultam a percepção e a visualização de situações-problemas. É caracterizado como uma dificuldade em encontrar soluções para os problemas sob diversos pontos de vista. Ocorre muitas vezes como consequência de ideias fixas e estereotipadas sobre diversas situações ou como resultado de uma sobrecarga de informações e de detalhes que restringem o pensamento;
Ambientais e Organizacionais: envolvem condições de trabalho e cultura organizacional. Dentro de uma organização, este é o pior bloqueio à criatividade e à inovação. Isto acontece porque as barreiras organizacionais muitas vezes estão fortemente entrincheiradas na cultura organizacional e no estilo de gestão adotado, criando ambiente não propício para o surgimento de ideias criativas, principalmente quando a estrutura de gestão segue modelos hierárquicos mais fixos e rígidos e a criatividade é vista como perda de tempo e não como ação estratégica no âmbito empresarial.

---

1 Por mais estranho que possa parecer, ser altamente especializado em determinado assunto pode criar dificuldades em compreender alguma visão radicalmente oposta.

No desenvolvimento criativo, a fuga, então, é o processo de distanciar-se desses perigos, de ultrapassar barreiras, de desconsiderar hábitos, costumes e rotinas comportamentais sempre que possível, de modo a abrir espaço para a geração de novas ideias, diferentes daquelas oriundas de modelos de pensamento já estabelecidos. Ela é a fase posterior à atenção, isto é, o momento em que a criatividade surge como resultado de um processo mental de atenção e de identificação de problemas. Nela, a mente se dedica à geração de novas ideias, com propostas para solucionar o problema central levantado na fase anterior.

No entanto, diante da existência das barreiras anteriormente citadas, a etapa de fuga é a mais complicada do processo criativo, e a capacidade de livrar-se dessas barreiras varia de pessoa para pessoa. Dependendo da intensidade dos bloqueios, o processo pode ser mais árduo, mas ainda possível (Siqueira, 2015).

Estudo de caso

Parte II

Depois de compreender toda a complexidade da questão envolvendo a decisão governamental do Reino Unido em eliminar os carros a combustão de suas ruas até 2035, é chegada a vez de eliminar quaisquer barreiras e de começar a pensar em possíveis soluções para esse novo desafio.

Algumas pessoas, provavelmente acometidas de diversas barreiras, simplesmente dirão: *as indústrias automotivas do Reino Unido vão fechar, pois o que eles fazem não vai mais vender daqui pouco mais de uma década*. Repare na forma simplista com que a situação-problema foi tratada. Esse é o momento de levar nossa capacidade criativa a outro nível e pensarmos, gradativamente, em oportunidades que possam solucionar ou minimizar essa nova realidade inevitável.

> Mas será que nossa capacidade criativa não pode ir além disso? Não existe uma forma de as indústrias automotivas se reinventarem para que atuem no novo cenário?
>
> É certo que a complexidade do problema dificilmente vai permitir que surja uma solução milagrosa e que resolva tudo com um conjunto simples de ações.
>
> Nesses casos, uma saída provável para alavancar a criatividade será quebrar a situação-problema em partes. Por exemplo: Não seria possível pensar se as competências das pessoas que trabalham nessas indústrias não podem ser úteis para outro tipo de produção ou, ainda, considerar as formas pelas quais as pessoas vão se locomover no futuro e aproveitar para se antecipar a essas tendências? Esses são exemplos de colocações que podem nos tirar da zona de conforto, quebrar algumas barreiras e começar a estruturar algumas possibilidades por meio do uso da criatividade dos indivíduos.

3.1.3 Movimento

Uma das possíveis definições para *movimento* indica o "Conjunto de atividades que visam a um objetivo" (Aulete; Valente, 2021). Nesse sentido, compreender a situação-problema e conseguir alterar e melhorar a forma de pensar é o começo do processo criativo, mas, para que as ideias se transformem em oportunidades de inovação, é necessária a ação. Você já deve ter percebido que a criatividade coletiva tende a ser mais eficaz que a individual; isso acontece em razão do somatório de esforços criativos de diversos indivíduos dedicados a encontrar uma solução para um mesmo problema. O processo criativo de um pode começar onde acaba o de outro. Esse fenômeno propicia a associação de soluções e ideias, de modo a atingir um nível de complexidade, *a priori*, impossível a um único indivíduo.

Após esse processo coletivo, a criatividade é aplicada e transforma-se em algo real, desenvolvido, inserido no mercado e aceito pelos consumidores (ou usuários internos), solucionando a situação-problema inicial. Nesse ponto, o resultado do processo criativo é visível, já que se revela quando a inovação surge, pois a ideia torna-se projeto e, por fim, transforma-se em algo útil (Siqueira, 2015). Mais adiante, explicaremos detalhadamente a relação entre criatividade e inovação.

Em síntese, é possível definir os três princípios mentais envolvidos no processo criativo do seguinte modo:

1. **Atenção**: etapa de concentração e de dedicação à compreensão do problema ou da situação em questão.
2. **Fuga**: fase superação das formas de pensamento preestabelecidas e das barreiras impostas pelos ambientes interno e externo à empresa; início do processo criativo.
3. **Movimento**: momento em que as ideias saem do papel e tornam-se projetos passíveis de implantação no mercado; é a fase de colocar a criatividade em ação, na qual a coletividade pode auxiliar a aumentar a complexidade das ideias.

A soma dessas três etapas forma o processo criativo dos indivíduos e das equipes.

Estudo de caso

Parte III

Após entender a complexidade relacionada à decisão governamental do Reino Unido de eliminar os carros a combustão até 2035 (fase de **atenção**) e de eliminar barreiras para pensar em possíveis soluções para esse novo desafio (fase de **fuga**), é a vez de a criatividade começar a ser colocada em prática (fase de **movimento**).

Nesse momento, todas as empresas envolvidas, direta ou indiretamente, no novo cenário devem dedicar-se a criar oportunidades de inovação que possam adaptar as organizações ao novo contexto. Algumas empresas automobilísticas estão se reorganizando e projetando novos produtos que atendam às novas regras, enquanto outras estão conseguindo reestruturar totalmente seu modelo de negócio e já, publicamente, colocando-se como organizações de mobilidade urbana, e não mais como integrantes de uma indústria de manufatura, entre outras soluções de alta complexidade.

Perceba que as medidas adotadas até aqui não são simples e exigem das empresas o máximo de dedicação e de estímulo aos processos criativos de colaboradores, das equipes e até interorganizacionais. As soluções apresentadas pelas instituições são apenas a ponta do *iceberg*. Inúmeras outras inovações precisarão ser desenvolvidas até que as adequações necessárias, de fato, sejam colocadas em prática com sucesso.

Podemos afirmar que a eficiência do processo criativo dos colaboradores será o diferencial competitivo mais importante dessas organizações. Aquelas que melhor estimularem seus colaboradores, conhecerem os clientes e o novo mercado e mais rápido desenvolverem soluções práticas terão melhor desempenho quando o ano de 2035 chegar.

3.2 Barreiras organizacionais à criatividade

Além dos fatores potencializadores da criatividade, apresentados no Capítulo 1, ao longo da história foram identificadas diversas barreiras que podem desestimular a criatividade dos indivíduos. A maioria delas sumiu com o passar dos anos em razão do avanço do conhecimento na área, mas outras podem ainda ser identificadas.

Existem diversas barreiras à promoção da criatividade nos aspectos individual e organizacional no seio das equipes de trabalho. Entendemos por *barreiras* todas as ações, crenças ou preconceitos que podem, em maior ou menor grau, limitar ou impedir o desenvolvimento do processo criativo, impedindo ou dificultando que as ideias se tornem soluções.

Vamos analisar de que forma diversos pesquisadores pelo mundo descrevem essas barreiras à criatividade.

Sternberg e Lubart (1999) definiram seis fatores inibidores da criatividade, relativos ao comportamento, que já foram identificados ao longo da história:

1. Associação da criatividade com estudos místicos ou espiritualistas. Como comentamos anteriormente, nos primórdios da sociedade contemporânea, a criatividade era associada a escolas divinas. Ser ou não criativo era uma habilidade definida pelos deuses para cada indivíduo. Essa crença já foi ultrapassada, mas, atualmente, muitas pessoas acreditam que a criatividade é uma habilidade nata, definida pelo DNA, que não pode ser desenvolvida e é inerente a um grupo de pessoas privilegiadas. Certamente, pensar dessa forma seria uma barreira quase intransponível para o desenvolvimento do potencial criativo, pelo fato de o sujeito não acreditar que a criatividade é uma

habilidade que pode ser desenvolvida em cada um de nós ao sermos expostos aos estímulos mais eficazes para cada caso.

2. Propagação generalizada de que os estudos sobre criatividade careciam de sustentação teórica. A teoria sobre a criatividade ficou muito tempo deixada de lado. Cientistas passaram muitos anos sem se dedicar a ela. Isso acabou criando, na sociedade e, principalmente, no meio organizacional, o sentimento de que a criatividade não era importante – pelo menos, não no âmbito operacional.

3. Associação da criatividade unicamente à psicologia, ficando fora das principais correntes investigativas em outras áreas. Assim, ela só começou a ser pesquisada em outras áreas do conhecimento muito recentemente, inclusive sendo associada ao desempenho. Somente a partir disso as organizações e os profissionais voltaram sua atenção a ela.

4. Subjetividade e ambiguidade presentes na definição da criatividade. Como já destacamos, apenas muito recentemente a criatividade teve a atenção merecida na ciência. Por ser ainda um tema incipiente, é normal que existam divergências e diferenças de conceito. Isso acabou causando o efeito de que a criatividade não representaria um tema importante a ser explorado.

5. Criatividade vista como algo reservado apenas a gênios ou, dito de outra forma, como um dom divino. Apesar de essa ser uma crença ultrapassada em termos científicos, não é raro encontrar alguém que pensa assim. Uma evidência desse fato são os diversos anúncios de emprego que deixam clara a procura por profissionais criativos. Até existem alguns fatores impulsionadores da criatividade como habilidade individual, mas essa habilidade só resultará em geração de ideias e soluções se o indivíduo for estimulado corretamente no ambiente em que ele se

encontra. Uma porcentagem significativa de nosso potencial criativo advém dos estímulos que recebemos no ambiente em que estamos. Apenas uma parcela menor surge de nossa habilidade individual.

6. Crença de que a criatividade era estudada apenas parcial e superficialmente. Apenas em meados do século XX, a criatividade passou a ser estudada de forma mais concreta, encarada como uma capacidade/habilidade inerente a todos os seres humanos.

Atualmente, por mais que a maioria dessas barreiras históricas já tenham sido desmistificadas, outras foram descobertas por diversos pesquisadores. Hicks (1991) e Amabile (1998) dividem essas barreiras à criatividade entre as relacionadas às organizações e as vinculadas às equipes de trabalho.

Amabile (1998) sugere cinco barreiras referentes à criatividade das equipes. A primeira se relaciona com as características da **chefia**: ser subordinado a um chefe autoritário, arrogante e não incentivador a novas ideias é uma grande barreira à promoção da criatividade, por exemplo.

Por sua vez, a segunda diz respeito à **comunicação**: um fluxo de informações inadequado e burocrático dificulta a comunicação, característica básica para o estímulo à criatividade entre as equipes.

Já a terceira se refere à **cultura organizacional**: estar em uma organização com cultura ultrapassada e hierarquia extremamente rígida e fechada não promove o potencial criativo das equipes.

A quarta corresponde à **estrutura organizacional** (muitos departamentos, setores etc.): assim como a cultura, a estrutura organizacional extremamente engessada e pouco flexível e que não estimula a geração de novas ideias é uma grande barreira à criatividade.

Por fim, a quinta está atrelada às **relações interpessoais**, as quais devem ser abertas, com fluxo contínuo de informações e de extrema confiança entre todos; caso contrário, este se torna mais um fator desestimulante à criatividade das equipes.

De forma distinta, Alencar (1995) sugere as seguintes barreiras à criatividade no âmbito organizacional: estruturais; sociais e políticas; processuais; de recursos.

As **barreiras estruturais** representam a formalização da organização, ou seja, em que nível ela exige o cumprimento de normas, regras ou procedimentos. Se a empresa é muito rígida e com poder demasiadamente centralizado, a criatividade das equipes tende a ser inibida. Normas, regras e procedimentos são importantes em qualquer ambiente, mas devem servir como guias orientadoras, não como barreiras inibidoras. A linha que divide isso é muito tênue. Por isso, é importante que o gestor certifique junto a seus subordinados como as regras institucionais estão sendo percebidas – se necessário, elas devem ser reformuladas.

As **barreiras sociais e políticas** dizem respeito a alguns hábitos errôneos da organização para com suas equipes (por exemplo: conformismo, inibição e ironia a novas ideias, punições a ideias malsucedidas, cultivo do medo de críticas de superiores). Nos próximos capítulos, discutiremos mais sobre os efeitos perversos desses comportamentos.

Já as **barreiras processuais** representam a burocracia excessiva nas empresas, resultando na perda de motivação das equipes em levar uma nova ideia à frente. Para a burocracia, vale o mesmo raciocínio apresentado sobre o excesso de normas, regras e procedimentos. A burocracia é inevitável, pois é ela que, de certa forma, propicia algum grau de controle. Todavia, a partir do momento em que ela passa a ser percebida como inibidora, a ponto de fazer as pessoas desistirem de começar a levar uma ideia à frente, ela deve ser urgentemente revista. Nessa direção, é interessante que os gestores reflitam se todas as etapas burocráticas são realmente necessárias – normalmente, não são.

Por fim, as **barreiras de recursos** se referem à carência de profissionais hábeis, de tempo ou de dinheiro para a transformação de ideias novas das equipes em algo rentável para a organização. Existem diversos casos de sucesso relatando situações em que a inovação surgiu mesmo com poucos recursos financeiros. Todavia, são exceções – louváveis, é verdade, mas exceções. Destinar recursos financeiros e tempo e disponibilizar capacitação constante para a equipe é um ponto fundamental para que a cultura da criatividade e da inovação se desenvolva.

Outra classificação é apresentada por Hicks (1991), que descreve cinco tipos de barreiras à criatividade inerentes às equipes de trabalho: de percepção; emocionais; culturais; ambientais; e intelectuais.

As **barreiras de percepção** representam a capacidade de cada equipe em receber e gerenciar os dados e as informações fornecidas. A criatividade coletiva nasce da capacidade de organizar informações e, a partir delas, gerar inovadoras soluções para situações-problema.

Por seu turno, as **barreiras emocionais** surgem quando as emoções e os sentimentos pessoais afetam a capacidade de pensamento e de raciocínio das equipes, inibindo sua imaginação. O ser humano é suscetível às mais variadas emoções e aos mais distintos sentimentos. Isso faz parte de nossa natureza. Ao mesmo tempo em que emoções e sentimentos positivos podem nos tornar mais motivados, empenhados, produtivos e com a sensação de que somos capazes de fazer qualquer coisa, quando estes são negativos, causam o efeito contrário: fazem-nos sentir apequenados, diminuem nossa crença nas próprias capacidades e, consequentemente, reduzem nosso desempenho geral. A criatividade não está fora disso. Nossa capacidade criativa é influenciada, de forma muito significativa, pelas emoções e pelos sentimentos. Sob essa ótica, cabe aos gestores saberem disto: a criatividade é inerente ao ser humano, e não a máquinas. Portanto, oscilações devem ser vistas como normais. Não se deve relacionar apenas um período curto de tempo como parâmetro para avaliar a capacidade criativa de um indivíduo. O trabalho em equipe ajuda nesse ponto, pois ainda que um ou outro membro esteja na parte "baixa" de sua produtividade, ela pode ser compensada por outros integrantes, deixando o desempenho coletivo menos suscetível a essas oscilações individuais.

Já as **barreiras culturais** se manifestam por meio da sociedade e da cultura na qual a equipe e a organização estão inseridas. Algumas culturas influenciam de forma muito considerável o modo de as pessoas pensarem e agirem. O grande desafio em relação às barreiras culturais está na dificuldade de perceber quando estamos inseridos nela, afinal, se faz parte da cultura, então é normal. Quando nos inserimos em uma cultura, tudo nela faz sentido para nós: as forma de nos comunicarmos e de nos relacionarmos, as culturas organizacionais etc. Com a criatividade, não é diferente. Talvez o exemplo mais conhecido sobre uma cultura regional voltada à criatividade seja o Vale do Silício, na Califórnia (EUA). A cultura nessa região é tão explícita que nos dá a sensação de que apenas estando lá já nos sentimos mais criativos e entusiasmados para encontrar soluções para os problemas da humanidade. Se desconsiderarmos o nível de exagero dessa afirmação, o restante pode ser constatado.

As **barreiras ambientais** dizem respeito ao ambiente de trabalho e a alguns fatores que tendem a afetar o potencial criativo das equipes, como ruídos desagradáveis, monotonia ou desconfortos mentais e físicos. Para muitos, tais aspectos parecem meros detalhes, mas os ruídos, por exemplo, podem dificultar muito o processo criativo. Ao passo que alguns desenvolvem a criatividade em ambientes dinâmicos e cheios de informação por todo lado, outros preferem o silêncio e a concentração nesses momentos.

Finalmente, entre as **barreiras intelectuais**, estão o uso da linguagem correta entre os integrantes das equipes, o uso incorreto de estratégias, a falta de informações relevantes ou os problemas de comunicação.

Percebemos que, nas definições de Hicks (1991), de Alencar (1995) e de Amabile (1998), as barreiras estão relacionadas, em grande parte, às pessoas que exercem o poder dentro das organizações. Nesse sentido, é papel dos líderes e dos gestores perceber essas barreiras e criar métodos e estratégias para ultrapassá-las, promovendo a criatividade entre as equipes de trabalho, de modo a conceber novas ideias e futuras inovações à organização.

Ressaltamos que a maioria das barreiras à criatividade apresentadas até aqui são relacionadas ao indivíduo ou à forma como ele interage com o contexto em que vive. Todavia, no ambiente organizacional, podem aparecer barreiras relativas a práticas organizacionais equivocadas, por conta das quais, embora o indivíduo se esforce muito, ainda assim terá sua capacidade criativa afetada consideravelmente.

A esse respeito, a seguir, apresentamos as principais barreiras organizacionais ao desenvolvimento de uma cultura voltada à criatividade e à inovação, definidas por Dornelas (2001). Tais barreiras podem ser consideradas ações não realizadas (ou realizadas de forma deficiente) pelas organizações e, em maior ou menor grau, interferem na capacidade dos colaboradores em gerar novas ideias e oportunidades de inovação.

- **Sistema de avaliação e recompensa mal formulados**

    Não ser recompensado ou, ao menos, reconhecido pelas ideias propostas é altamente desestimulante. Assim, criar um programa de reconhecimento e recompensa por boas ideias é uma das formas mais eficazes de estimular a criatividade dos colaboradores. No entanto, não formular claramente os indicadores e as formas de recompensa e não cumprir com o acordo estabelecido pode gerar o efeito contrário e inibir quaisquer iniciativas criativas da equipe.

- **Sistemas opressores e punitivos**

    O erro faz parte do processo criativo e de geração de oportunidades de inovação. Não há inovação sem risco. Existem diversas metodologias e ferramentas que minimizam esse risco, mas ele nunca chegará a zero. Portanto, veja o erro (honesto) como uma forma de aprendizado. A partir do momento em que um colaborador é punido por ter tentado melhorar e não ter sido bem-sucedido, outros colaboradores podem ficar receosos em manifestar ideias e opiniões. A punição não é, e jamais será, fator motivador para o que quer que seja. Sistemas opressores e punitivos, apesar de serem fruto de um período específico da história da administração, ainda estão presentes em um considerável número de empresas. Normalmente, tais ambientes são resultado de um perfil de liderança igualmente opressor e punitivo, em que o poder se mantém por meio de ameaças e punições.

- **Sistema de planejamento inflexível**

    Vivemos hoje em um mundo VUCA – volátil, incerto (*uncertanly*, em inglês), complexo e ambíguo. Isso, na prática, revela que estamos em constante mutação, e as alterações estão se fazendo presentes com intervalos cada vez menores entre si. O tempo de vida das grandes empresas vem diminuindo ao longo do tempo, principalmente em razão da incapacidade de adaptação às mudanças de cenário.

A capacidade de uma empresa de se adaptar se explica, entre outros motivos, pela flexibilidade de seu planejamento estratégico. Sob essa perspectiva, é importante salientar que não estamos incentivando a falta de um planejamento, mas sim que ele exista de forma flexível e não seja "engessado". Lembre-se: o que você faz atualmente pode não ser mais útil no futuro, e o que hoje resolve a necessidade de seu cliente pode ser substituído por outra tecnologia. O maior diferencial para o sucesso de uma empresa nos dias de hoje não é mais, tão somente, a qualidade do que faz ou produz, mas a capacidade de adaptação a novos cenários.

Diante disso, ainda que a organização esteja bem posicionada, deve promover condições para que o processo criativo dos colaboradores esteja em constante evolução, pensando o tempo todo em melhorar o que fazem.

- **Estrutura organizacional com muitos níveis hierárquicos**

    A estrutura organizacional de uma empresa normalmente está montada em diferentes níveis hierárquicos, em modelo piramidal. Trata-se da forma mais tradicional, controlável e fácil de administrar os diferentes níveis, setores e atribuições de cada cargo. Esse modelo esclarece as estruturas de poder das organizações, o que, até certo ponto, justifica sua utilização pela maioria das empresas há mais de 70 anos. Contudo, alguns efeitos dessa estruturação podem ser perversos, principalmente com relação à criatividade.

A falta de engajamento dos colaboradores, que se veem "presos" nas respectivas áreas e com extremo controle sobre suas ações por gestores que também estão sobre controle intenso, acaba podando qualquer iniciativa criativa. Os indivíduos passam a arriscar menos e a não exercitar a criatividade em virtude do receio do risco e de eventuais punições.

Talvez não haja, atualmente, um modelo que substitua o modelo hierárquico tradicional, mas deixá-lo mais flexível e mais "horizontal" pode surtir efeitos incríveis na iniciativa dos colaboradores para ações voltadas à criatividade.

- **Comunicação ineficiente**

A comunicação é a alma do processo criativo. Uma analogia simples para destacar isso é pensar esse processo como um conjunto de engrenagens representando todas as formas de pensar e as inúmeras possibilidades de solução para situações-problema. Nesse sistema, a comunicação seria o "lubrificante" da engrenagem. Logo, é um erro ver a comunicação como uma ação individual. A comunicação voltada à criatividade é coletiva e pressupõe ao outro a escuta, a interlocução, a percepção do contexto e a construção de novas ideias em equipe. Saber se expor e, principalmente, ouvir possibilita que você desenvolva uma melhor visão de mundo, com mais informações sobre o ambiente que lhe cerca e permitindo visualizar as situações-problema sob diferentes pontos de vista. Quando a comunicação não é incentivada no ambiente de trabalho ou é efetuada de modo ineficiente, ela limita que a criatividade surja apenas por meio de iniciativas individuais e esporádicas. Então, nesse contexto, as ideias acabam não apresentando todo o potencial que poderiam ter se fossem construídas de forma colaborativa.

- **Ausência de metas, comprometimento e visão**

  Para quem não sabe aonde vai, qualquer caminho serve. Essa frase foi dita, pela primeira vez, no filme *Alice no país das maravilhas*, de autoria do roteirista Charles Lutwidge Dodgson. Apesar de ter surgido em um contexto completamente diferente, a frase representa muito bem o sentimento dos colaboradores de uma empresa sem metas, sem comprometimento e sem uma visão clara e bem difundida. Sob essa ótica, ter uma visão clara dos objetivos organizacionais ajuda os colaboradores e as equipes a definir o caminho a seguir, centrando suas atenções nesse ponto comum e colaborando, por meio da própria criatividade individual e coletiva, para obter formas de facilitar esse caminho. A partir do momento em que o caminho não existe ou não é conhecido, a empresa se limita a resolver problemas na medida em que aparecem, sem nenhuma capacidade de prevê-los. Pior ainda, acaba se surpreendendo com um problema impossível de ser resolvido e que necessitaria de mais tempo para ser compreendido. Não é exagero dizer que a falta de metas, de comprometimento e de visão é um dos principais fatores do fechamento de diversas organizações mundo afora.

- **Excesso de burocracia**

  Por mais que a burocracia seja um aspecto fundamental para o funcionamento de uma estrutura organizacional, pois estabelece as regras que orientam seu funcionamento, ninguém gosta quando ela existe em excesso! Embora entendamos sua importância em determinados momentos, em virtude da necessidade de controle total sobre alguns processos, é quase unânime a opinião de que ela poderia ser evitada ou reduzida em muitos casos.

Imagine a situação na qual você tem uma grande ideia para solucionar um problema antigo na empresa em que trabalha. Você deseja falar com seu superior para relatar suas intenções e percebe como é difícil e moroso conseguir marcar um horário para essa reunião. Assim, você liga para a secretária, que vai falar com a assistente; esta vai avisar o gerente, que lhe solicita protocolar suas ideias para serem avaliadas por um comitê que será montado posteriormente e, em caso de aprovação por dois terços desse colegiado, você será autorizado a falar com o chefe. Ainda que esse cenário possa ser um pouco exagerado, certamente você concorda que não é muito animador, correto? Talvez o tempo decorrido entre a intenção de compartilhar as ideias com os superiores e o encontro em si seja tão grande que tais ideias já não surtirão mais o efeito desejado, pois o cenário do problema já pode ter se alterado.

A burocracia pode ser boa em virtude do nível de controle disponibilizado aos gestores, mas, em contrapartida, inibe muitas iniciativas criativas, pois a percepção das pessoas sobre a morosidade do processo é mais evidente do que sobre os possíveis efeitos da ideia gerada.

- **Resistência à mudança**

    Todo ser humano é resistente a mudanças. Por mais que alguns neguem, é da nossa natureza ver a mudança como um momento de certo risco. Em partes, o medo de perder o emprego, de sair da zona de conforto ou mesmo de receber mais trabalho explica esse sentimento.

    Todavia, já sabemos que a inovação está deixando de ser um diferencial competitivo para se tornar uma questão de sobrevivência para as empresas nesse ambiente em constante evolução. As mudanças vão fazer parte da vida de qualquer organização, invariavelmente. Diante disso, passar a vê-las como necessárias para a sobrevivência em longo prazo torna muito mais fácil se adaptar a elas e até incentivá-las, evitando que as pessoas caiam na famosa zona de conforto. Nesse cenário, a criatividade se torna uma arma poderosa para qualquer instituição que visa evoluir constantemente.

- **Orientação ou foco em curto prazo**

    Ter orientações ou foco apenas no curto prazo limita muito a possibilidade de os colaboradores ajudarem com relação aos objetivos de longo prazo da organização. Tudo isso acontece por um simples motivo: Se eles não conhecem os objetivos de longo prazo, como vão ajudar?

    Por mais que os colaboradores sejam criativos e bem intencionados, a falta de um objetivo comum e de um direcionamento por parte do gestor às situações-problema dificulta muito o processo criativo, tornando-o muito vago e pouco eficiente. Lembre-se: uma parte muito significativa da eficiência do processo criativo dos indivíduos advém dos estímulos que ele recebe no trabalho, e não apenas de sua habilidade individual (Rego et al., 2016), portanto, invista nisso e direcione a criatividade de seus colaboradores para um ponto comum.

    Todas essas barreiras representam, em maior ou menor grau, desafios que as empresas devem enfrentar na busca pelo tão desejado ambiente criativo. Não é uma tarefa fácil. Entretanto, embora algumas delas possam surgir por qualquer motivo em algum momento, elas devem ser enfrentadas e evitadas. O perfil da liderança, o perfil pessoal dos colaboradores, as estratégias da empresa, a honestidade e a transparência da comunicação podem ser armas eficientes nesse combate.

Figura 3.1 – O livre pensar

Max Ribeiro

3.3 Estímulos organizacionais à criatividade

Embora as barreiras apresentadas sejam fatores que desafiam as lideranças de quaisquer organizações, algumas ações de estímulo à criatividade podem não só ser o antídoto a algumas barreiras, mas também representar um fator motivador muito eficaz na busca pelo desenvolvimento do potencial criativo dos indivíduos.

Sob essa perspectiva, a seguir, apresentaremos algumas ações voltadas ao estímulo à criatividade, levantadas por Pinchot e Pellman (2004).

- **Transmissão da visão e do objetivo estratégico**

   A grande maioria das empresas tem visão, missão e objetivos estratégicos bem definidos. Todavia, são poucas que se preocupam em transmitir essas informações aos seus colaboradores e, quando o fazem, não se importam em verificar se, de fato, todos a compreenderam. Sob a ótica dos funcionários, muitos consideram essas informações meras formalidades, as quais se limitam a um papel bonito grudado em uma parede.

   No entanto, ter uma visão clara dos objetivos estratégicos da empresa, a curto, médio e longo prazos, demonstra aos *stakeholders* o caminho a ser seguido. Conhecer esse caminho cria o foco necessário para as iniciativas criativas. Intuitivamente, todos voltarão seus esforços de criação em direção aos objetivos da organização. A visão da empresa é o ponto central nesse processo.

- **Tolerância a riscos, erros e falhas**

   Não há aprendizado maior do que incorrer em falhas durante o processo de aprendizagem. Hoje, você certamente concorda que sua personalidade foi formada, em parte, pelos erros e fracassos do passado. Nas organizações, essa lógica funciona exatamente da mesma forma. Se os erros (honestos) não forem absorvidos pela empresa e, principalmente, registrados como forma de aprendizagem, de nada servirão. Punir erros ou fracassos ocorridos na tentativa de melhorar é uma das mais lamentáveis situações que um líder pode criar. O ambiente organizacional positivo se desfaz, as pessoas passam a realizar suas tarefas com o mínimo de esforço e assumindo o mínimo de riscos, e quaisquer iniciativas criativas são evitadas. Em suma, esse cenário é trágico.

Por outro lado, a partir do momento em que os colaboradores recebem de seus superiores a segurança necessária para tentar coisas novas, autonomia para tomar decisões e acesso aos recursos necessários, as iniciativas criativas tendem a subir. Cria-se um cenário tão favorável para novas ideias que algumas pessoas podem até sentir-se envergonhadas por não estarem colaborando. As virtudes e os comportamentos voltados à criatividade são levados ao máximo potencial.

- **Apoio a intraempreendedores**

    O intraempreendedorismo é uma modalidade de empreendedorismo que se caracteriza pela possibilidade de os colaboradores atuarem como donos do negócio, sugerindo melhorias, inovações e até novos modelos de negócio. Nesse cenário, a empresa em que esses funcionários atuam se predispõe a disponibilizar todos os recursos necessários para que eles empreendam como se estivessem fora organização. O colaborador ganha a oportunidade de desenvolver um projeto pessoal com recursos técnicos, físicos, humanos e financeiros de seu empregador, sem a necessidade de se desligar da empresa. Esta, por sua vez, vislumbrando o sucesso do empreendimento, acaba, muitas vezes, ganhando um novo modelo de negócio para além dos tradicionais.

    Um caso célebre de sucesso do empreendedorismo foi da antiga rede social Orkut, a primeira de sucesso mundial, que teve seu auge na primeira década dos anos 2000 (antes de ser substituída no gosto popular pelo Facebook). O Orkut foi criado por um colaborador do Google, que, recebendo apoio da empresa para desenvolver seus projetos pessoais, concebeu a rede social que fez um sucesso enorme. O Google ganhou mais um produto de sucesso, e o colaborador recebeu a chance de ser empreendedor sem sair da empresa em que trabalhava. Evidentemente, o Google o recompensou muito bem financeiramente pela excepcional iniciativa. Todos saíram ganhando.

- **Gestores que patrocinam a inovação**

  Patrocinar a inovação, nesse caso, não significa disponibilizar dinheiro ou dar "um tapinha nas costas" como forma de incentivo. *Patrocinar* significa assumir os riscos em conjunto com o criador da ideia e dividir as consequências do projeto, independentemente de quais, sem punir eventuais erros ou fracassos e recompensando de forma justa. Alguns perfis de liderança fazem isso de forma natural, mas outros podem ter muitas dificuldades. O contexto organizacional também pode ser um fator decisivo para os gestores patrocinarem ou não a inovação e a criatividade.

- **Equipes multifuncionais dotadas de autonomia**

  Ter certo grau de autonomia nas decisões e nos processos de trabalho pode ser um excelente insumo para a criatividade. Apesar de a possibilidade de permitir algum grau de autonomia aos trabalhadores ser muito diferente do que ocorre em um setor produtivo, todos podem, e devem, incentivar algumas decisões autônomas por parte da equipe. Todas as instituições (minimamente organizadas) têm procedimentos padronizados e que devem ser realizados para produzir determinados produtos ou prestar certos serviços. Todavia, tais ações dificilmente englobam todas as possibilidades inerentes à determinada função.

  Por exemplo: atender um cliente problemático em uma loja de varejo pode ser um desafio e tanto, principalmente quando todos os processos estabelecidos não conseguem suprir as necessidades do momento. Se o colaborador que está com essa difícil missão não for dotado de certa autonomia para "deixar de lado" os procedimentos preestabelecidos e tentar atender esse cliente-problema de uma forma inovadora, dificilmente a situação se contornará com sucesso. Obviamente, existe o risco de tudo dar errado, mas é a típica situação em que esse risco vale a pena. Dotar os colaboradores de autonomia para tomar algumas decisões em situações nas quais os procedimentos padronizados não são suficientes pode ser uma fonte muito fértil de novas ideias. Novas formas de atendimento podem surgir e, até mesmo, ser incorporadas como procedimentos-padrão a partir disso. Essa mesma lógica serve para praticamente todos os setores, portes e tipos de empresas.

- **Tomadas de decisão pelos executores**

    Apesar de destacarmos a importância de todos os atores no desenvolvimento do processo criativo de uma equipe de trabalho, as decisões continuam na mão dos líderes executores. De nada adianta ter uma equipe engajada e "municiando" seus superiores de ideias e novas oportunidades de inovação se os líderes não tomarem a importante decisão de acreditar nessas ideias e apoiá-las. Nessa perspectiva, contar com líderes dotados de certas doses de coragem para tomar decisões que propiciem a novas ideias saírem do papel é fundamental para a criação de um ambiente voltado à criatividade. No entanto, vale salientar que os líderes devem mostrar-se corajosos, mas não demasiadamente, para não passarem a imagem de inconsequentes. Manter esse equilíbrio entre a coragem e os pés assentes no chão é o segredo do sucesso.

- **Tempo discriminado**

    A gigante da tecnologia Google – para muitos, a empresa mais inovadora do mundo – proporciona 20% do tempo de trabalho de cada funcionário (normalmente, as sextas-feiras) para o desenvolvimento de projetos pessoais. O colaborador pode utilizar todo o ambiente organizacional e seus recursos para se dedicar somente a isso. De segunda a quinta, todos fazem o que deve ser feito, e às sextas, estão livres para desenvolver o que quiserem, com total liberdade. Dessa forma, muitas inovações que utilizamos hoje surgiram nesses dias de "ócio" dos colaboradores. Trata-se de uma política da empresa estimular esse tempo como "ócio criativo", ou seja, oportunizar aos colaboradores que pensem livremente sobre coisas novas ou em formas de melhorar as já existentes. Estamos falando do Google, uma organização que talvez vivencie uma realidade muito distante da experimentada pela grande maioria das companhias pelo mundo. Provavelmente, quaisquer outras empresas que reduzissem em 20% o tempo de cada colaborador das atividades convencionais da empresa teriam sérios problemas.

Mas, com esse exemplo, queremos demonstrar a importância de cada empresa propiciar, conforme suas possibilidades, algum tempo para os indivíduos e as equipes, a fim de que possam pensar em como melhorar o que fazem ou o modo como fazem. Exigir criatividade de uma equipe que está abarrotada de atividades apenas lhes confere uma pressão com a qual dificilmente conseguirão lidar. Essa mesma regra vale também para os gestores que, geralmente, e em empresas de menor porte, estão dedicados à parte operacional, e não à estratégica – onde deveriam estar.

- **Atenção no futuro**

    Refletir constantemente sobre o futuro da organização é, de forma geral, um estímulo muito eficaz para a criatividade organizacional. Todas e quaisquer informações sobre o contexto em que se está inserido podem ser utilizadas para fomentar o processo criativo das pessoas em algum momento. Anteriormente, explicamos ser um erro pensar que a criatividade nasce de um "espasmo" de alguém, dando a sensação a quem recebe de que a ideia veio "do nada". Pelo contrário, a criatividade nasce da capacidade de unir informações e reorganizá-las de forma inédita, criando uma solução que não seria possível com poucas informações. Entre essas informações, as relacionadas ao futuro das organizações são essenciais. Pesquise tendências de mercado, tecnológicas e humanas. Pense sempre sobre possíveis cenários que a empresa pode encontrar no tempo. Monitore políticas públicas que podem impactar seu negócio. Esteja atento ao movimento de seus concorrentes. Todas essas ações ajudarão na coleta de informações e servirão como insumos na busca por oportunidades de inovação por meio de novas ideias.

- **Autosseleção**

    Embora possa parecer contraditório considerando o que explicamos até aqui, ter muitas ideias e não ter nenhuma, na prática, representam a mesma coisa – isto é, conferem os mesmos resultados. Uma ideia, por si só, não significará muita coisa se não for transformada em inovação e agregar valor à empresa.

    Assim, para transformar as ideias em inovação, é preciso desenvolver um projeto que necessariamente envolverá investimentos de tempo, recursos, estrutura, entre outros. Dessa forma, são poucas as organizações que têm condições de elaborar muitos projetos simultaneamente. Por isso, estabelecer previamente alguns indicadores prioritários permite aos colaboradores realizar a autosseleção de suas ideias. Se, porventura, a ideia não atender a critérios preestabelecidos, o próprio autor não a levará adiante, por mais interessante que ela possa ser.

Nessa ótica, por mais que pareça desmotivador ter uma ideia que não poderá ser desenvolvida (pelo menos, não naquele momento), com o decorrer do tempo, todos internalizarão os critérios estabelecidos pela organização e voltarão seus esforços para a geração de ideias alinhadas. Portanto, podemos considerar a autosseleção como um fator de estímulo à criatividade. Sem dúvida, o número de ideias geradas será menor, mas elas apresentarão mais potencial para ser desenvolvidas, por atenderem a alguma necessidade ou a algum interesse em particular.

- **Nenhuma transferência de tarefas**

  Como já comentamos, quando uma boa ideia surge, o único caminho para transformá-la em riqueza é desenvolvê-la em forma de projeto. Contudo, trata-se de uma prática muito comum, em algumas empresas, transferir o projeto a um gerente profissional e acabar deixando de lado o autor da ideia. Não há nada errado em um gestor de projetos profissional assumir essa frente; pelo contrário. Mas jamais devemos deixar de envolver ativamente o autor da ideia nesse projeto. Não podemos esquecer que ele foi a origem do projeto, e não são raras as vezes em que o autor da ideia tem algumas sugestões de melhoria durante o desenvolvimento de sua ideia inicial, após se abastecer de mais informações.

  Nesse sentido, manter o autor da ideia envolvido no projeto é uma forma muito eficaz de estímulo à criatividade, pois valoriza o indivíduo e incentiva outras pessoas a fazer o mesmo.

- **Inexistência de fronteiras**

    O trabalho em equipe é fundamental para o desenvolvimento de um ambiente voltado à criatividade. Envolver equipes multidisciplinares no projeto de transformação de uma ideia em uma inovação é muito eficiente. O autor da ideia ou outros participantes do projeto podem, por meio da troca de informações referentes a diferentes especialidades, agregar melhorias a esse projeto, tornando-o ainda mais complexo e impactante para a empresa e a sociedade. Como já evidenciamos, a criatividade no seio organizacional é um processo coletivo. Embora características e *insights* individuais estejam presentes, é na coletividade que a ideia ganha potencial para ser realmente impactante para a instituição.

    A esse respeito, promover o ambiente colaborativo não é uma tarefa fácil. Algumas resistências individuais aparecerão e devem ser combatidas. A frase comum *não sou pago pra isso* deve ser eliminada no desenvolvimento desse tipo de projeto.

- **Comunidade organizacional forte**

    Uma comunidade organizacional forte representa o nível em que as equipes de determinadas áreas se dedicam ao bem da coletividade de toda a empresa. Organizar o trabalho em equipes é um ótimo estímulo à criatividade, mas tão importante quanto isso é estimular as equipes a pensar além da própria área. A partir do momento em que a empresa é conhecida como um todo, percebe-se pessoas com habilidades, competências e opiniões complementares, e isso acaba fomentando o potencial criativo de todos. Além de abrir a mente a novas informações, uma comunidade organizacional forte possibilita que as pessoas verifiquem oportunidades em outras áreas, em razão de não estarem imersas em um único contexto e por terem formações e competências diferentes.

- **Foco no cliente**

    Os clientes são as maiores fontes de informação de qualquer empresa. Assim, conhecer seus gostos, seus desejos e suas tendências comportamentais pode ser um grande diferencial competitivo. Contudo, apenas a coleta e a organização dessas informações não gerarão muitos resultados se estas não forem transformadas em novos produtos ou serviços que tragam valor e soluções. Nesse contexto, a criatividade surge como elo entre as informações coletadas por meio dos clientes e as inovações advindas. Ela permitirá juntar todos esses dados, relacioná-los de uma forma inédita e gerar diversas ideias, as quais serão desenvolvidas em projetos para originar potenciais inovações.

- **Escolha de fornecedores internos**

    Para uma ideia gerar algo de valor, são necessários fornecedores internos que apoiem-na. Os colaboradores se sentem mais confiantes em propor ideias a partir do momento em que percebem o apoio de diversas partes da organização. Ter a segurança de contar com recursos e apoio de fornecedores internos garante aos colaboradores coragem e liberdade para que coloquem suas ideias na mesa. Os efeitos da falta de apoio interno são a frustração pela ideia que não foi levada adiante e a ausência de motivação para a geração de ideias futuras. Logo, a criatividade de todos fica prejudicada.

- **Mensuração dos indicadores relacionados à criatividade**

    A definição de indicadores relacionados à criatividade é fundamental para uma organização que pensa em gerir o processo criativo e seus resultados. Mas isso não é tão simples como parece. A complexidade envolvida nesse tipo de indicador é imensa e pode gerar um paradoxo. Ao mesmo tempo em que tais indicadores são importantes para apoiar os processos de decisão dos gestores, devem ser muito bem pensados para não gerar desestímulo aos colaboradores. O processo de desenvolvimento de uma ideia até gerar uma inovação tem tempos variados: alguns usam mais recursos; outros geram mais resultados; outros, ainda, são mais disruptivos, e alguns envolvem mais riscos. Tudo isso torna o desafio de se definir um indicador de mensuração muito complexo. Há uma linha muito tênue dividindo a eficiência dos indicadores como ferramentas de apoio à decisão daqueles indicadores que podem gerar desestímulo aos colaboradores. Portanto, o equilíbrio é a chave para essa mensuração.

- **Transparência e verdade**

    Com exceção das informações estratégicas e sigilosas da empresa, todas as outras devem ser acessíveis a todos. Ter acesso a dados de diferentes fontes é um insumo importante para o processo criativo. Além da disponibilidade das informações de diversas áreas, a transparência e a credibilidade na comunicação entre pessoas, equipes e departamentos é fundamental. Nesse contexto, a criatividade se potencializa a partir do momento em que se percebe um ambiente de trabalho transparente e verdadeiro, criando uma espiral de virtudes essenciais para o estímulo à criatividade. Assim, a disponibilidade de informações apenas essenciais para os colaboradores realizarem seus trabalhos atende parcialmente a esse processo.

- **Bom tratamento pessoal**

    Ter qualidade de vida é fundamental em qualquer momento, tanto dentro como fora da empresa. Mas no meio organizacional, a falta de qualidade de vida pode ter efeitos perversos. A ausência de um tratamento adequado por parte das lideranças e de companheirismo dos colegas, bem como a sensação de que a empresa não se preocupa com ninguém, levará os colaboradores a procurar um lugar seguro para se esconder, e não oportunidades para inovar. A criatividade se potencializa quando se tem a sensação de que se está ajudando alguém de quem gostamos, com prazer em fazer aquilo. Logo, quando essa sensação desaparece e o colaborador realiza que não gosta de estar onde está, a criatividade e a capacidade tendem a diminuir.

- **Responsabilidades social, ambiental e ética**

    Os aspectos social, ambiental e ético também são importantes para fomentar a criatividade dos colaboradores, pois conferem a sensação de que estão trabalhando um objetivo nobre e maior, não apenas por dinheiro, reconhecimento ou recompensas. É cada vez mais comum identificarmos empresas que trabalham de forma sustentável. Algumas poucas usam esse artifício apenas como ferramenta de *marketing* e como forma de agregar valor aos seus produtos aos olhos de clientes desavisados. Todavia, tem aumentado o número de empresas que, de fato, trabalham com a preocupação de serem sustentáveis, mantendo sua busca por lucro, mas não a qualquer preço.

    Além do valor agregado aos olhos dos clientes, que estão aceitando pagar a mais por um produto desenvolvido ou serviço prestado de forma sustentável, os colaboradores tendem a se sentir mais orgulhosos e empenhados em ajudar a organização. Um dos resultados desse empenhamento é o aumento da criatividade na proposta de soluções para os problemas.

- **Evitar a filosofia *home run* (buscar apenas inovação maiores)**

  As inovações maiores geram mais resultados e criam muito valor às organizações em um curto espaço de tempo, por isso devem ser priorizadas. Certo? Não, errado! Muito se discute na ciência sobre a origem das inovações radicais ou disruptivas. Ainda não há clareza e unanimidade sobre o assunto. Mas tem sido cada vez mais sustentado que as inovações maiores surgem a partir de várias inovações menores que, ao serem organizadas e ajustadas, propiciam o desenvolvimento de algo de grande impacto. Evidentemente, ainda existem os casos de inovações provenientes de uma ou outra iniciativa individual e que, aparentemente, surgiu em um rompante de criatividade, mas são raros e podem ser tratados como exceções.

  Nossa visão errônea sobre isso na sociedade advém do palco que é dado a grandes gênios da humanidade, os quais criaram produtos e tecnologias que mudaram para sempre a história. Mas mesmo essas criações podem ser questionadas. Por exemplo: o avião de Santos Dumont. Se pensarmos um pouco mais a fundo, o avião foi fruto de uma junção de diversas tecnologias já estudadas muito antes de Santos Dumont nascer. Muitos pesquisadores já estavam estudando aerodinâmica, resistência dos materiais, mecânica, engenharia, entre outras competências presentes naquela novidade. Não estamos tirando os méritos de Santos Dumont, pelo contrário. Entretanto, sua grande genialidade foi conseguir juntar todo esse conhecimento de forma estruturada e organizada, fazendo surgir o primeiro avião, o 14-BIS.

A lógica dentro de uma empresa deve ser a mesma. Ao fomentar pequenas e contínuas melhorias em produtos, processos e serviços, com o tempo a organização acaba conseguindo uma inovação maior quase naturalmente. As inovações maiores criam o lastro necessário para empresas adquirirem experiência e conhecimento sobre esse processo, fazendo com que as chances de surgimento de uma inovação maior aumentem exponencialmente. Mais adiante neste livro, vamos nos aprofundar no assunto inovação e em sua relação com a criatividade.

3.4 Mensuração da criatividade

> *Não se gerencia o que não se mede, não se mede o que não se define, não se define o que não se entende, e não há sucesso no que não se gerencia.*
>
> William Edward Deming

A frase, atribuída ao professor estadunidense William Edward Deming, no início da década de 1950, representa bem a importância da mensuração de quaisquer aspectos que se queira gerenciar. E com a criatividade não é diferente. A capacidade de gestão da criatividade está diretamente ligada à qualidade dos indicadores de mensuração de todas as variáveis que a compõem.

A seguir, conheceremos dois questionários de mensuração da criatividade. O primeiro, de Zhou e George (2001), é composto por 13 itens voltados a compreender diversos aspectos relacionados ao tema. O objetivo é mensurar com que frequência algumas ações voltadas à criatividade são percebidas. A escala de resposta sugerida é a seguinte: nunca; poucas vezes; algumas vezes; muitas vezes; frequentemente, se não sempre.

O questionário pode servir para mensurar a criatividade de equipe ou individual. Para tal, basta alterar o início da sentença de acordo com o que se deseja medir. O exemplo a seguir (Quadro 3.1) está montado para mensurar a criatividade de uma equipe:

Quadro 3.1 – Os 13 itens da criatividade, de Zhou e George (2001)

	Nunca	Poucas vezes	Algumas vezes	Muitas vezes	Frequentemente, senão sempre
I. Esta equipe sugere novas formas de alcançar metas e objetivos.					
II. Esta equipe apresenta ideias novas e práticas para melhorar a *performance*.					
III. Esta equipe procura novas tecnologias, processos, técnicas e/ou ideias para melhorar o desempenho.					
IV. Esta equipe sugere novas formas de melhorar a qualidade.					
V. Esta equipe é uma boa fonte de ideias criativas.					

(continua)

(Quadro 3.1 – conclusão)

	Nunca	Poucas vezes	Algumas vezes	Muitas vezes	Frequentemente, senão sempre
VI. Esta equipe não tem medo de correr riscos.					
VII. Nesta equipe, as pessoas promovem e apoiam as ideias uns dos outros.					
VIII. Esta equipe exibe criatividade no trabalho quando lhe é dada oportunidade.					
IX. Esta equipe desenvolve planos e programas adequados para a implantação de novas ideias.					
X. Esta equipe tem ideias novas e inovadoras.					
XI. Nesta equipe, surgem ideias novas e criativas.					
XII. Esta equipe tem abordagens novas para os problemas.					
XIII. Nesta equipe, surgem novas formas de desempenhar as tarefas de trabalho.					

Por este ser um questionário simples e de fácil aplicação, tem sido um dos mais usados por pesquisadores do tema no mundo todo, sempre apresentando resultados muito próximos à realidade quando aplicado com a metodologia adequada.

3.4.1 Questionários de avaliação da cultura voltada à criatividade e inovação

O segundo questionário de mensuração da criatividade foi elaborado pelo Prof. Dr. Dálcio Reis, docente e pesquisador da Universidade Tecnológica Federal do Paraná (UTFPR), em parceria com sua aluna Adriane Hartmnn e publicado pela primeira vez, em versão ainda preliminar, em uma dissertação de mestrado de sua aluna em 2006. Desde então, o questionário passou por constantes atualizações por parte de diversos estudiosos no tema, como o próprio autor desta obra, além do Prof. Hélio Gomes de Carvalho. Atualmente, tem sido utilizado em diversas pesquisas acadêmicas e em projetos de consultoria para diversas organizações. O respondente deve ser, prioritariamente, o empresário ou alguém delegado por ele para essa função.

Diferentemente do primeiro questionário apresentado, de Zhou e George (2001), que visa identificar com que frequência algumas ações relacionadas à criatividade são identificadas em determinados contextos, este se concentra em mensurar a cultura voltada à criatividade e à inovação de uma empresa.

O questionário é formado por oito dimensões: processos de comunicação; capacitação dos recursos humanos; incentivos e motivação para inovar; programa de recompensa por boas ideias; autonomia dada aos colaboradores para inovar; liderança empresarial; trabalho em equipe; e formas de controle e mensuração.

1. **Processos de comunicação**: avaliam a qualidade e a eficácia da comunicação voltada à criatividade de uma empresa ou de um setor específico.

2. **Capacitação dos recursos humanos**: representa o quanto as ações voltadas à capacitação dos recursos humanos para a criatividade estão sendo realizadas.
3. **Incentivos e motivação para inovar**: essa dimensão visa verificar se os colaboradores estão sendo incentivados e motivados para desenvolver sua criatividade e aplicá-la de forma a encontrar oportunidades de melhoria e inovação no trabalho e na empresa.
4. **Programa de recompensa por boas ideias**: objetiva compreender em que medida os colaboradores estão sendo recompensados pelas ideias que são implantadas e geram retorno para a empresa.
5. **Autonomia dada aos colaboradores para inovar**: verifica se os colaboradores têm algum grau de autonomia em suas funções, para que, por meio da criatividade, possam pensar sobre novas formas de desenvolver seu trabalho e a empresa como um todo.
6. **Liderança empresarial**: nessa dimensão, o empresário faz uma autoavaliação sobre algumas ações que realiza (ou não) para fomentar a criatividade no seio de suas equipes.
7. **Trabalho em equipe**: considerando que o processo criativo é mais eficiente quando realizado coletivamente, essa dimensão visa mensurar alguns pontos relacionados ao trabalho em equipe voltado à criatividade.
8. **Formas de controle e mensuração**: representa a capacidade de a empresa controlar e mensurar ações e indicadores de criatividade e inovação.

Independentemente do questionário que se utilize ou do contexto avaliado, seus resultados só representarão a realidade se alguns cuidados metodológicos forem tomados, tais como:

- **Manter o anonimato dos participantes**: o anonimato confere ao respondente a segurança para poder responder da forma mais sincera possível. Se ele não tiver essa segurança, incorrerá no risco de responder com base no que deveria acontecer, e não no que de fato acontece.
- **Quanto mais pessoas, melhor**: todos os questionários representam melhor a realidade quando são aplicados para muitas pessoas. Fazer essas perguntas a um grupo muito pequeno pode criar um "retrato" representativo da realidade apenas dessas pessoas, e não de toda uma população.
- **Aplicar o questionários várias vezes, em intervalos regulares**: os resultados provenientes da aplicação em apenas um momento trarão resultados apenas desse momento, e não de longo prazo. É como se tentássemos avaliar a qualidade de um ambiente de trabalho apenas por meio de uma foto.

Em suma, mensurar indicadores de criatividade garante aos gestores informações importantes nos processos de tomada de decisão relacionada às ações voltadas à criatividade e à inovação. Além disso, possibilita promover uma avaliação completa do cenário organizacional com relação a esses temas. Os questionários são importantes para fornecerem números, mas a inteligência para interpretá-los continua sendo nossa.

O Quadro 3.2 apresenta um questionário de mensuração da cultura organizacional voltada à criatividade e à inovação. Pode ser um importante aliado na gestão dos processos criativos de sua organização.

Quadro 3.2 – Questionário de avaliação da cultura à criatividade e à inovação

Item	Afirmação	
	Processos de comunicação	X
1	A comunicação interna é claramente entendida	
2	A empresa utiliza diversas formas de comunicação interna	
3	A empresa divulga e/ou dissemina suas decisões entre todos os colaboradores	
4	As informações críticas são protegidas	
5	As informações são atualizadas internamente	
	Capacitação dos recursos humanos	X
6	São identificadas as capacidades técnicas e humanas que devem ser aprimoradas	
7	A empresa busca capacitar, continuamente, os colaboradores	
8	Estimula-se o compartilhamento do conhecimento adquirido em uma capacitação	
9	É feita uma avaliação para saber se a capacitação supriu as necessidades	
10	Buscam-se interesses comuns entre a empresa e o colaborador, em termos de capacitação	
	Incentivos e motivação para inovar	X
11	É dado a cada colaborador a possibilidade de propor ideias e experimentar	
12	Em caso de erro e/ou fracasso por uma tentativa de inovar, o colaborador continua sendo incentivado, sem ser punido	
13	Existe um tempo, semanal ou mensal, para que o colaborador possa pensar em fazer melhor seu trabalho	
14	A empresa incentiva formalmente que os colaboradores contribuam com ideias	

(continua)

(Quadro 3.2 – continuação)

15	São ouvidos os clientes para a proposição de ideias de melhorias	
16	A empresa recompensa com viagens as novas ideias geradas pelos colaboradores	
17	Se uma ideia dada pelo colaborador não é aceita, ele recebe uma justificativa da não aceitação	
18	A empresa elogia publicamente o colaborador que deu uma ideia e que foi aceita	
19	A empresa tem um programa formal de recompensas por ideias	
20	A empresa recompensa com valores financeiros pelas novas ideias geradas pelos colaboradores	
	Autonomia dada aos colaboradores para inovar	**X**
21	Os colaboradores podem escolher seus projetos de trabalho	
22	Gerentes e/ou líderes de equipes têm autonomia e motivação para incentivar projetos inovadores	
23	Existe autonomia para agir na ausência de um superior em prol do bom desempenho da empresa	
24	Os colaboradores têm acesso às informações necessárias para seus projetos quando os superiores não estão presentes	
25	Os colaboradores têm acesso aos recursos para desenvolver seus projetos quando os superiores não estão presentes	
	Liderança empresarial	**X**
26	Você, empresário, é democrático e toma decisões junto com os colaboradores	
27	É justo e sensível às necessidades dos colaboradores	
28	Os colaboradores o admiram e confiam em você	
29	Você toma decisões importantes com facilidade	
30	Os colaboradores são treinados para o substituírem quando for necessário	

(Quadro 3.2 – conclusão)

	Trabalho em equipe	X
31	As pessoas se ajudam e cuidam umas das outras pensando na empresa, e não apenas no próprio trabalho	
32	Os colaboradores se sentem responsáveis pelo trabalho dos colegas	
33	Além de trabalhar em equipe, também buscam redes de cooperação externa à empresa	
34	O nível de cooperação entre os diversos setores da empresa é elevado	
35	Formam-se equipes com diferentes especialidades para trabalhar com o desenvolvimento de novos projetos	
	Formas de controle e mensuração	X
36	A empresa monitora os resultados obtidos com a implantação de ideias	
37	O mérito por um sucesso é compartilhado por todos	
38	A prática de delegar é realizada com eficácia	
39	São feitas reuniões para correção de rumos	
40	A empresa admite correr riscos para obter sucesso	

FONTE: Elaborado com base em Hartman, 2006.

Como preencher o questionário de avaliação proposto no Quadro 3.1: basta assinalar cada uma das sentenças com números entre 1 e 4, de acordo com o nível de frequência com que cada ação acontece na empresa, sendo: 1 – nunca; 2 – raramente; 3 – frequentemente; 4 – sempre.

Para descobrir o índice de cada dimensão, basta somar as respostas dadas a cada um dos cinco itens que compõem a dimensão e dividir por cinco, encontrando a média aritmética. Por exemplo: imagine que, na primeira dimensão, "Processos de comunicação", as respostas aos cinco itens foram 3, 4, 3, 2 e 4. Basta somar os itens (3, 4, 3, 2 e 4) = 16 e dividir por 5 (16/5) = 3,2. O valor obtido corresponde ao índice encontrado nessa primeira dimensão. O procedimento é o mesmo para todas as outras dimensões.

Caso queira conhecer o índice global da cultura da inovação da empresa, é preciso somar todos os oito índices encontrados em cada dimensão e dividir por oito. O resultado, que será necessariamente um número entre 1 e 4, representa o índice da cultura organizacional voltado à criatividade e à inovação.

Como interpretar os resultados: a interpretação dos dados é muito simples. Quanto mais próximo do número 4 (índice máximo), melhor é considerada a cultura da empresa para a criatividade e a inovação. Quanto mais próximo de 1 (índice mínimo), pior é considerado esse ambiente.

Não existem respostas certas ou erradas, desde que correspondam à realidade. É muito importante que o respondente assinale as questões com o objetivo de representar a situação como ela é, e não como gostaria que fosse.

Mais importante do que o número em si, o objetivo desse questionário é propiciar ao respondente um cenário claro sobre a situação atual da organização avaliada com relação à cultura organizacional. A partir do momento em que se tem clareza sobre as fraquezas e as virtudes, fica muito mais fácil elaborar ações que permitam melhorar o que, porventura, não esteja tão bem e manter adequados os pontos que já estão bem avaliados.

Síntese

Neste capítulo, apresentamos as barreiras e as práticas de estímulo à criatividade. Discutimos que ultrapassar os diferentes tipos de barreiras organizacionais é um desafio para qualquer empresa. Elas podem, eventualmente, surgir de forma muito rápida e, antes de percebidas pelos gestores, acabar minando o processo criativo na organização. Por isso, conhecê-las e monitorá-las é de suma importância. Por outro lado, desenvolver práticas de estímulo à criatividade, além de auxiliar na ultrapassagem dessas barreiras, ainda pode alavancar o potencial criativo dos colaboradores. Lembre-se de que apenas pequena parcela do desempenho criativo de uma pessoa advém de suas características pessoais. A maior parte desse desempenho é promovida pela adoção de práticas por parte da empresa, devendo ela, portanto, ser majoritariamente responsável pela capacidade de seus colaboradores gerarem ideias.

Questões para revisão

1. Assinale a alternativa que apresenta os três princípios mentais do processo criativo:

    a) Atenção, fuga e desenvolvimento.
    b) Definição, assimilação e inovação.
    c) Ideia, projeto e finalização.
    d) Atenção, fuga e movimento.
    e) Ideia, fuga e movimento.

2. Assinale a alternativa que apresenta o princípio mental em que nossa concentração está totalmente voltada para uma necessidade específica, visando compreender melhor todo o contexto que nos cerca:

    a) Atenção.
    b) Inovação.
    c) Movimento.
    d) Projeto.
    e) Fuga.

3. Assinale a alternativa que não apresenta uma barreira organizacional à criatividade:

   a) Sistemas opressores e punitivos.
   b) Estrutura organizacional com muitos níveis hierárquicos.
   c) Liderança democrática.
   d) Comunicação ineficiente.
   e) Excesso de burocracia.

4. Leia o trecho a seguir:

   Intraempreendedorismo é uma modalidade de empreendedorismo que se caracteriza pela possibilidade de os colaboradores atuarem como donos do negócio, sugerindo melhorias, inovações e até novos modelos de negócio para a empresa em que atuam.

   Com base nessa definição, escreva um texto de até dez linhas relatando sua percepção sobre o intraempreendedorismo no Brasil. Por quais motivos ainda é tão raro identificarmos empresas que conseguem incentivar e desenvolver o intraempreendedorismo?

5. Leia o trecho a seguir:

   Ter certo grau de autonomia nas decisões e em seus processos de trabalho pode ser um excelente insumo para a criatividade.

   Como você analisa a importância da autonomia no desenvolvimento da capacidade criativa de uma equipe? Responda, de forma opinativa, elaborando um texto de até dez linhas.

Questão para reflexão

1. Entre todas as barreiras organizacionais à criatividade apresentadas, quais são, em sua opinião, as mais difíceis de serem ultrapassadas?

4

Atividade criativa: transformando ideias em resultado

Conteúdos do capítulo

- Etapas da gestão da criatividade.
- Indicadores de gestão da criatividade.

Após o estudo deste capítulo, você será capaz de:

1. conhecer as etapas da gestão da criatividade;
2. identificar alguns indicadores importantes para a gestão da criatividade.

É possível gerenciar a criatividade? Talvez hoje seja muito difícil encontrar alguém que consiga argumentar contra o entendimento de que a criatividade é um dos mais importantes insumos para qualquer empresa que queira ser competitiva em sua área de atuação. Mas ainda existe uma discussão para entendermos se é possível gerenciá-la de forma eficiente.

Em uma primeira análise, parece ser impossível gerenciar algo tão complexo, incerto e com características inerentes a cada indivíduo, como já mencionamos anteriormente neste livro. Há dificuldade em desenvolver um conhecimento fundamental do assunto e problemas para implantá-lo em vários contextos distintos, bem como para alinhar o entendimento de todos sobre o tema. Todavia, apesar de toda essa imprevisibilidade existente sobre o processo criativo, é possível encontrar certo padrão-base para o sucesso. Certamente, as incertezas que rondam o tema continuam e continuarão existindo, mas já podemos estabelecer algumas ações e indicadores que permitem aos gestores gerenciar a criatividade com um grau de risco controlado.

4.1 Gerenciando a criatividade

Devemos pensar a gestão da criatividade como uma estratégia em longo prazo, pois seu principal indicador de sucesso é o número de ideias geradas que originaram inovações, algo que, por si só, já carece de um tempo de "gestação" para ser, de fato, um sucesso e passível de ser medido.

A principal função de um processo de gestão da criatividade é construir um ambiente voltado à criatividade por meio de etapas sequenciais, cujas ações possam ser mensuradas e gerenciadas por alguns indicadores. Tais indicadores são fundamentais para a gestão da criatividade, pois fornecem informações fundamentais aos gestores sobre a eficiência e eficácia de cada etapa, apoiando as tomadas de decisões.

A gestão da criatividade se inicia pela conscientização dos gestores sobre a importância do tema até a fase de amadurecimento e acompanhamento dos indicadores de desempenho. A seguir, estudaremos todas as etapas com as quais uma organização deve cumprir para atingir sua capacidade de gerenciar a criatividade[1] (Figura 4.1).

Figura 4.1 – Etapas da gestão da criatividade

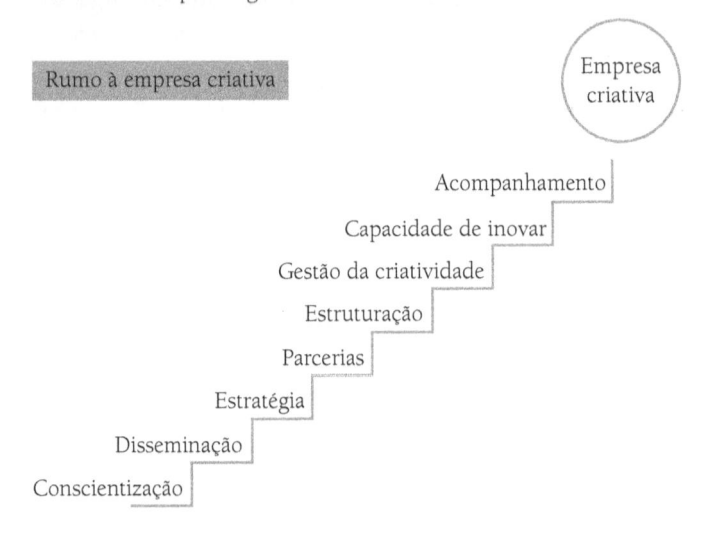

Rumo à empresa criativa

Empresa criativa

Acompanhamento
Capacidade de inovar
Gestão da criatividade
Estruturação
Parcerias
Estratégia
Disseminação
Conscientização

É relevante salientar que tais etapas não demonstram uma metodologia fechada, imutável, que deve ser eficiente em qualquer situação, independentemente do contexto da

---

[1] Essas etapas foram identificadas após minha atuação como consultor na área de inovação em diversas empresas, bem como por meio do convívio com dezenas de grandes profissionais e brilhantes professores que foram meus colegas. Destaco aqui o Prof. Dr. Dálcio Reis e o Prof. Dr. Hélio Gomes de Carvalho, que muito contribuíram para a definição de tais etapas.

empresa. Todavia, todas elas foram identificadas ao longo da história de inúmeras empresas reconhecidamente inovadoras. Portanto, considere-as como uma linha de apoio ao pensamento estratégico e à tomada de decisão, e não como uma receita pronta de sucesso.

4.2 Fase 1: conscientização

O primeiro passo para o desenvolvimento de uma cultura voltada à criatividade, passível de ser gerenciada, é a conscientização do empresário ou do gestor de topo da empresa sobre a importância desse aspecto para a organização. Você já deve ter lido diversos textos defendendo a tese de que a empresa é o espelho de quem a dirige. Pois bem, isso vale para essa situação também. As chances de uma organização e, principalmente, de seus colaboradores adotarem um comportamento voltado à criatividade ficará extremamente reduzida se essa visão não for compartilhada com o principal representante da empresa. Portanto, a conscientização do gestor de topo é a primeira e mais importante fase desse processo.

4.3 Fase 2: disseminação

Um erro que muitos líderes cometem é entender que, após estar engajado e consciente sobre a importância de algo para a organização, já pode começar a impor ações ou comportamentos aos seus subordinados. Quando falamos em termos hierárquicos, o gestor até tem o poder legítimo para fazer isso, e provavelmente suas equipes irão obedecê-lo. Contudo, se essas mesmas equipes não compartilharem das mesmas crenças, realizarão apenas as ações estritamente necessárias e com o mínimo de esforço.

Líderes que disseminam suas convicções com os subordinados, conferindo-lhes um propósito para agir, e principalmente compartilham suas crenças sobre a importância da criatividade para o presente e o futuro da empresa tendem a desenvolver nos indivíduos e nas equipes um círculo virtuoso, em que todos os colaboradores compreenderão a importância da criatividade e passarão a incluí-la na maior parte dos processos da organização. Isso aumenta muito a possibilidade de novos produtos, serviços e processos serem desenvolvidos e implantados com sucesso. Essas duas primeiras fases compreendem a etapa de conscientização coletiva.

4.4 Fase 3: estratégia

A conscientização, apesar de ser a importante base para o desenvolvimento de um ambiente voltado à criatividade, não necessariamente implica a implantação de ações práticas na rotina da empresa. Apenas a boa intenção não basta; é preciso ação.

Diante disso, colocar o estímulo à criatividade como estratégia formal da organização é fundamental. A partir disso, a empresa começa a formalizar, perante colaboradores, clientes e todos os demais *stakeholders* (atores que, direta ou indiretamente, influenciam a instituição) sobre a nova estratégia. Assim, a forma como a empresa trabalha e a maneira pela qual é vista pela sociedade começam a mudar.

4.5 Fase 4: parcerias

A quarta fase representa o momento de construir parcerias. Normalmente, as empresas que acabaram de estabelecer a criatividade como estratégia ainda não são maduras o suficiente, em vários sentidos, para desenvolver ações voltadas à criatividade e à inovação. Toda inovação pressupõe um risco que, por menor que seja, sempre pode ser minimizado por meio do estabelecimento de parcerias.

São várias as possibilidades de instituições com as quais as parcerias podem auxiliar uma organização, tais como instituições de ensino e organizações atuantes em outros setores, além de concorrentes, agências de fomento, governo, clientes etc.

Cada um desses parceiros pode colaborar de uma forma, reduzindo riscos, fornecendo informações, cooperando no desenvolvimento de oportunidades de inovação, dividindo custos etc. Seja qual for a contrapartida do parceiro, certamente será bem-vinda para qualquer organização nesse momento. Com o tempo, a instituição passa a se tornar mais madura nesse aspecto.

Todavia, mesmo em uma empresa mais experiente e autossuficiente, as parcerias continuam sendo indispensáveis. Chesbrough, Vanhaverbeke e West (2017) defendem a tese de que é praticamente impossível desenvolver um processo de desenvolvimento de uma inovação sem extrapolar as fronteiras organizacionais. Em algum momento, a empresa necessariamente buscará fora informações, conhecimentos e tecnologias.

4.6 Fase 5: estruturação

Feitas as parcerias, é hora de começar a se estruturar para ser uma empresa voltada ao desenvolvimento da criatividade. A fase de estruturação contempla diversas ações que uma organização pode realizar para estimular a criatividade e a inovação entre seus colaboradores e equipes de trabalho. É o momento de tirar as ações do papel e colocá-las em prática.

Evidentemente, como já comentamos outras vezes ao longo desta obra, não há receita mágica para o desenvolvimento de um ambiente criativo. Isso depende de inúmeros fatores. Entretanto, ações de estímulo à inovação – dar liberdade para o colaborador errar (de forma honesta) sem punir erros ou fracassos; propiciar certo grau de autonomia em determinadas decisões para empregados; estabelecer um capital de risco para fomentar boas ideias – podem começar a ser estruturadas e formalizadas no dia a dia da organização.

4.7 Fase 6: processo de gestão da criatividade e inovação

Depois de as cinco primeiras etapas terem sido atingidas, a instituição já reúne as condições necessárias para começar a gerenciar a criatividade. Alguns indicadores de criatividade já serão mensuráveis, por exemplo: a qualidade das informações provenientes dos parceiros, os custos envolvidos, o nível de desempenho dos indivíduos e das equipes após a implantação de iniciativas de estímulo à criatividade, entre outros.

Também é nesse momento que a empresa passa a reunir condições para utilizar algumas técnicas de estímulo à criatividade e à inovação, como o *design sprint*, *design thinking* ou o processo de gestão da inovação. Tais técnicas serão explicadas detalhadamente mais adiante neste material.

4.8 Fase 7: capacidade de inovar

Nesta fase, a empresa já passa a perceber que as ações de estímulo à criatividade começam a gerar indicadores mais consistentes. Novas soluções, negócios, produtos, serviços e processos começam a surgir e a trazer mais valor para a organização, gerando *cases* de sucesso que podem ser replicados.

Considerando o caminho que a instituição percorreu para chegar até aqui, nesse momento, ela já conta com um aprendizado consistente e se torna capaz de identificar boas práticas relacionadas à criatividade, as quais podem variar de empresa para empresa, dependendo dos contextos social, cultural, mercadológico e financeiro em que esteja inserida. Todavia, conseguir mapear o que deu certo, o que deu errado, o que deve ser evitado e o que deve ser melhorado e reproduzido já pode ser considerado uma vantagem competitiva.

4.9 Fase 8: acompanhamento de indicadores

Por fim, depois de percorrer um grande caminho, a organização já tem dados consistentes o suficiente para apoiar as decisões de seus gestores com relação a práticas voltadas à criatividade e ao desenvolvimento do potencial criativo de colaboradores e equipes. A partir desse ponto, e à medida que as decisões se mostrarem acertadas, já se pode afirmar com segurança que a instituição reúne todas as condições para conseguir gerenciar a criatividade. Com o passar dos anos e a experiência da empresa aumentando no que se refere a essa gestão, a tendência é de que a cultura da empresa passe a ser moldada por essas práticas, transformando a criatividade em um aspecto-chave para a estratégia da organização.

É importante notar que essas fases exigem tempo, dedicação e muito trabalho de todos os *stakeholders* da organização. Um erro a não se cometer é tentar gerir o que não é mensurado. Portanto, avançar em todas essas fases é fundamental para que os dados e as informações advindas dos indicadores referentes aos resultados das ações e do aprendizado coletivo possam, efetivamente, fomentar decisões dos gestores da organização.

O tempo para essas fases depende de cada contexto e ambiente, isto é, não há uma regra. Algumas empresas podem ir mais rapidamente, e outras, avançar de forma mais gradativa. Mas isso não importa. O essencial é se conscientizar acerca da importância da criatividade para a competitividade e, a partir daí, passo a passo, torná-la um ponto estratégico e parte da cultura da empresa.

4.10 Alguns indicadores importantes

Todas as etapas apresentadas, apesar de claras quanto à forma de execução, necessitam de indicadores para ser geridas e avaliadas pelos gestores. Tais indicadores possibilitam uma tomada de decisão mais assertiva relativamente a todas as etapas do processo, orientando ações e ajustando o rumo, quando necessário.

A seguir, estão sugeridos alguns indicadores (Fayet et al., 2010) que podem auxiliar os gestores a monitorar todas as fases:

- número de ações realizadas na empresa voltadas à disseminação da criatividade;
- configuração organizacional: nível hierárquico em que a criatividade e a inovação são tratadas (ex.: departamento, gerência ou diretoria);
- número de parceiros externos envolvidos no processo de criação de novos produtos e/ou serviços;
- nível de participação dos parceiros externos;
- práticas de estímulo à criatividade implantadas na empresa;
- número de profissionais envolvidos diretamente nas atividades voltadas à criatividade na empresa;
- nível de escolaridade dos profissionais que atuam direta ou indiretamente com atividades de criatividade e inovação;
- investimento financeiro em ações voltadas à criatividade e à inovação;
- tipo de investimento realizado;
- número de inovações geradas;
- economia de custos advinda da implantação de inovações;
- aumento do faturamento em virtude de inovações desenvolvidas.

Esses indicadores representam uma ferramenta importante para a avaliação do processo como um todo. De qualquer forma, cada organização pode elaborar os próprios indicadores de acordo com seus interesses e seu contexto. O mais importante é não deixar de verificar constantemente a eficiência e a eficácia das ações realizadas para que a criatividade seja, de fato, gerenciada.

Síntese

Neste capítulo, apresentamos as fases de desenvolvimento de um ambiente organizacional voltado à criatividade. Essas fases representam cada importante passo que as empresas devem percorrer caso almejem desenvolver esse ambiente.

Independentemente do contexto único de cada organização, tais fases representam um guia essencial na condução de um ambiente criativo. Sob essa ótica, cada organização as desenvolverá de forma inédita e única, umas com mais facilidades e outras passando por desafios maiores.

Nessa perspectiva, o objetivo desse conteúdo não foi formular uma receita, mas provocar uma reflexão sobre a importância de estruturar e fornecer as condições ideais para os colaboradores colocarem a criatividade individual em prática, apresentando maiores chances de sucesso individual e coletivo.

Questões para revisão

1. Sobre o processo de gestão da criatividade, assinale V para afirmações verdadeiras e F para afirmações falsas:

    ( ) A conscientização dos gestores de topo sobre a importância do estímulo à criatividade é o primeiro passo do processo, pois é a partir desse ponto que ela será disseminada aos demais colaboradores.

    ( ) O processo de gestão da criatividade representa uma sequência de etapas a serem cumpridas para que uma empresa desenvolva um ambiente voltado ao estímulo da criatividade, aumentando as chances de uma ideia vir a se tornar uma inovação de sucesso.

( ) Colocar a criatividade como parte da estratégia da empresa é a última fase do processo, pois representa que a organização compreendeu a importância do tema, colocou diversas ações em prática e já obteve resultados satisfatórios quanto ao desenvolvimento de produtos/serviços/processos inovadores.

( ) Estabelecer parcerias é uma etapa inerente apenas a empresas que não conseguem desenvolver o processo sozinhas. A partir do momento em que as organizações se tornam autossuficientes, as parcerias passam a ser um entrave e a atrapalhar o processo de gestão da criatividade.

A seguir, assinale a alternativa que apresenta a sequência obtida:

a) V, V, F, F.
b) F, V, V, F.
c) V, V, V, V.
d) V, V, V, F.
e) F, F, V, F.

2. Assinale a alternativa correspondente à descrição da fase de disseminação.

   a) Etapa relacionada à estruturação da empresa. Corresponde à aplicação de algumas ações preparatórias do processo de gestão da criatividade.
   b) Etapa que ocorre após a conscientização das lideranças de topo da empresa sobre a importância da criatividade. Corresponde ao momento em que todos os colaboradores devem ser conscientizados sobre essa importância por seus superiores.
   c) Fase em que parcerias são estabelecidas para que o processo se inicie.
   d) Não há essa fase no processo.
   e) É a inclusão da criatividade como estratégia da organização.

3. Assinale a alternativa que mostra a sequência das oito etapas do processo de gestão da criatividade:
   a) Conscientização; parcerias; criatividade como estratégia; estruturação; processo de gestão da criatividade e inovação; capacidade de inovar; acompanhamento; disseminação;
   b) Conscientização; disseminação; criatividade como estratégia; parcerias; estruturação; processo de gestão da criatividade e inovação; capacidade de inovar; acompanhamento.
   c) Conscientização; disseminação; criatividade como estratégia; parcerias; estruturação; processo de gestão da criatividade e inovação; acompanhamento; capacidade de inovar.
   d) Conscientização; disseminação; parcerias; estruturação; capacidade de inovar; acompanhamento; processo de gestão da criatividade e inovação; criatividade como estratégia.
   e) Disseminação; parcerias; conscientização; criatividade como estratégia; estruturação; processo de gestão da criatividade e inovação; capacidade de inovar; acompanhamento.
4. Conhecer todos os aspectos nos quais o processo de gestão da criatividade pode ajudar é muito importante. Saber no que consiste cada etapa é fundamental para maximizar os resultados e minimizar as possíveis falhas. Nesse contexto, qual é a função do processo de gestão da criatividade? Justifique sua resposta.
5. Configuração organizacional é um indicador que mostra em que nível organizacional (hierárquico) da empresa a criatividade é tratada. Quanto mais alto, mais importância o tema representa dentro da organização. Em qual etapa

do processo esse indicador deve ser mensurado e qual é a importância de uma empresa inserir ações voltadas à criatividade em seu planejamento estratégico?

Questão para reflexão

1. Pense na empresa em que trabalha ou trabalhou (caso não tenha experiência profissional, visite alguma empresa à sua escolha). Consegue identificar em que nível do processo de gestão da criatividade a organização se encontra? Com base nessa identificação, relate, por meio de um texto de até dez linhas, o que conseguiu observar na empresa que lhe fez chegar a essa conclusão.

5

Técnicas de estímulo à criatividade

Conteúdos do capítulo

- Técnicas de apoio ao processo criativo.
- Seis chapéus.
- *Brainstorming*.
- *Design thinking*.
- *Canvas*.

Após o estudo deste capítulo, você será capaz de:

1. aprender a importância do uso de técnicas de apoio ao desenvolvimento do processo criativo;
2. conhecer os métodos dos seis chapéus, *brainstorming*, *design thinking* e *business model canvas*.

Na rotina de uma organização, é muito comum que alguns colaboradores tenham ideias sobre como melhorar o trabalho ou mesmo a própria empresa. No entanto, em razão da falta de conhecimento, eles acabam falhando no momento de conseguir estruturar essa ideia de forma a apresentá-la a alguém ou até para verificar sua viabilidade, ainda que de forma incipiente.

Caracterizada como um processo aberto e abstrato, a criatividade precisa ser orientada para que gere os resultados esperados, principalmente no meio organizacional. Deixar os colaboradores contribuírem com ideias sem a existência de um processo que auxilie a organizar as informações pode não dar um resultado positivo. Diante disso, algumas técnicas podem ajudar nessa organização de ideias, aumentando as chances de se tornarem inovações de sucesso.

A falta de técnicas que permitam aos indivíduos registrar as ideias no momento em que surgem faz com que possibilidades excelentes acabem sendo esquecidas, deixando de lado o que poderiam ser **ótimas** oportunidades.

Visando minimizar as perdas do processo criativo e potencializar as inovações, algumas técnicas podem ajudar. Por isso, neste capítulo, apresentaremos algumas técnicas muito eficazes para a gestão da criatividade, transformando ideias em oportunidades de inovação (David; Carvalho; Penteado, 2011).

Em outubro de 2011, o jornal português *Público* entrevistou Stephen Shapiro, consultor da Accenture e que depois passou a ser consultor independente, especialista em inovação e autor do livro *Best Practices are Stupid*. Eis sua perspectiva sobre a geração de ideias as organizações:

Acha que as boas ideias simplesmente aparecem, não é preciso solicitá-las?

Muito mais importante é identificar o problema, a oportunidade em que se quer caminhar. Einstein disse que, se lhe dessem uma hora para salvar o mundo, ele gastaria 59 minutos a definir o problema e apenas um minuto para definir a solução. O problema é que a maior parte das empresas gasta 60 minutos a resolver o que não interessa.

E depois de definido um problema concreto, já se deve pedir ideias e sugestões?

Deve pedir-se soluções, e não sugestões! Imagine uma empresa que lança a pergunta sobre como aumentar o retorno. Pode ter milhões de respostas, nos mais diversos sentidos. Mas se, por exemplo, perguntar como é que entra num mercado específico, ou como é que se levam mais crianças a um centro comercial, terá respostas mais concretas. A um desafio muito específico, receberá menos respostas, mais soluções e algumas delas relevantes.

Refere que a criatividade é inimiga da inovação, e que não se deve andar procurando ideias "fora da caixa". Por quê?

Defendo que as empresas não devem andar à procura de ideias "fora da caixa", mas antes concentrarem-se em criar uma caixa melhor. O problema é que, paradoxalmente, quando pedimos às pessoas para pensar "fora da caixa", e não lhes damos nenhuma estrutura, estamos a pedir-lhe só criatividade. Mas se lhes pedir menos criatividade, um exercício concreto, eles irão rapidamente demonstrar uma solução. Por isso, pensar "fora da caixa" não é grande coisa. É melhor "unir os pontos", isto é, unir cada uma das especialidades.

A especialidade ajuda ou atrapalha? Por que no livro também refere que alguém especializado, que se concentre numa só tarefa, rapidamente se esquece dela quando a conclui.

Volta à importância da tal "boa pergunta". Se pedir a uma equipe de especialistas para resolver esse problemas concreto, eles são capazes de arrumar uma solução. Mas há outras formas, por exemplo, segmentando o problema de forma a fazer sentido pedir respostas noutro lado. Recordo o caso de uma empresa de pasta de dentes, e que tinha especialistas a tentar procurar uma solução para criar uma pasta dos dentes branqueadora. Até que se colocaram a questão: quem mais faz soluções branqueadoras? E foram perguntar a quem faz detergentes para a roupa. Descobriram que eles afinal não tornam a roupa mais branca, mas antes que utilizam cristais azuis. Porque o azul cria um efeito ótico, que previne o reflexo do amarelo. E começaram a vender uma pasta de dentes, dizendo que ela tornava os dentes mais brancos. Na verdade, os dentes estão na mesma amarelos, mas as pessoas não o veem. [...]

Fonte: Pinto, 2011, grifo do original.

5.1 Brainstorming

Figura 5.1 – O *brainstorming*

Max Ribeiro

A técnica do *brainstorming* foi brilhantemente descrita na obra *Gestão de ideias*, dos professores Denise Hey David, Hélio Gomes de Carvalho e Rosângela Stankowitz Penteado (David; Carvalho; Penteado, 2011).

O *brainstorming* ("tempestade de ideias", em tradução livre para o português) é uma técnica de estímulo à criatividade grupal, criada por Alex Osborn na década de 1940. É muito utilizada em diversos cenários, com o objetivo de se obter respostas rápidas (ideias) sobre determinada situação-problema. Trata-se de uma técnica de simples execução, mas nem por isso deixa de exigir muita dedicação, foco e concentração de todos. Por isso, ela presume o papel de um facilitador, cuja função é delimitar a situação-problema que será objeto do *brainstorming*, além de organizar a sessão para que seja a mais produtiva e eficaz possível. A delimitação do tema é fundamental para que não ocorra desvio do objetivo, algo relativamente comum em sessões de criação de ideias.

De acordo com o modelo de Osborn (1987), o *brainstorming* deve apresentar as seguintes características:

- **Quantidade**: quanto mais ideias, melhor. Logicamente, as ideias devem ter um único objetivo.
- **Flexibilidade**: a busca por novas abordagens da situação-problema é bem-vinda e deve ser estimulada.
- **Liberdade**: as ideias não devem ser alvo de críticas, sob hipótese alguma, durante o *brainstorming*. Se uma ideia não parecer adequada, deve-se argumentar com outra ideia. Se não for possível, deve-se permanecer em silêncio, sem julgamentos.
- **Interatividade**: as ideias geradas podem (e devem) ser aperfeiçoadas ou combinadas entre elas, originando novas ideias.
- **Tangibilidade**: as ideias sugeridas precisam ter a capacidade de se transformar em um projeto e sair do papel. Mesmo que eventual ideia não tenha, isoladamente, essa capacidade, ela deve ser dita para, porventura, ser incrementada por outras ideias, até atingir essa capacidade.

A sessão deve ser agendada antecipadamente por um facilitador. Nesse agendamento, já deve constar qual situação-problema será objeto da discussão. Não é aconselhável que o papel de facilitador seja realizado por alguém da alta hierarquia da empresa ou com cargo de chefia em relação aos componentes da equipe que participará da sessão, pois é natural que muitas pessoas se inibam nesse cenário e, por receio de ser julgadas, acabem não expondo suas ideias.

A recomendação é de que os grupos sejam formados por cinco a dez pessoas. Grupos menores podem gerar poucas ideias, e grupos maiores podem ser difíceis de gerenciar. Os participantes devem ter experiências e percepções diferentes sobre a situação-problema. Isso permite que múltiplas opiniões sejam emitidas, possibilitando um enriquecimento da discussão (David; Carvalho; Penteado, 2011).

Membros externos à organização, como clientes, fornecedores, parceiros, acadêmicos, entre outros, também podem participar. É importante que esses sujeitos sejam escolhidos com base no conhecimento de cada um sobre o que está sendo discutido, sob pena de surgir conflitos ou vazamento de informações. Se os assuntos são sigilosos à empresa, por exemplo, os integrantes da equipe devem ser compostos unicamente por colaboradores. Cada caso é um caso. Não há regra quanto a esse aspecto (David; Carvalho; Penteado, 2011).

A Cotec Associação Empresarial para a Inovação (citada por David; Carvalho; Penteado, 2011) define três tipos de participação dos integrantes em uma sessão de *brainstorming*:

- **Participação livre**: os participantes devem apresentar livre e espontaneamente suas ideias, sem uma ordem estabelecida. Ganha-se em espontaneidade, mas perde-se em controle. O facilitador deve ser muito hábil para que a sessão não perca o foco e alguns acabem se manifestando em excesso, inibindo outros. Por isso, conhecer o perfil dos participantes é fundamental.
- **Participação ordenada**: ideal para grupos maiores. Nessa condição, cada participante tem seu momento para falar, sob orientação do facilitador. A vantagem desse tipo é que todos têm iguais oportunidades para falar; em contrapartida, perde-se um pouco da naturalidade e da possibilidade de discussão.

- **Participação escrita**: nesse caso, as ideias são escritas, e não expostas em voz alta. Esse tipo de participação é aconselhado quando um problema polêmico deve ser tratado ou caso a exposição oral possa inibir alguns membros de participar, por receio de ser julgados se, por acaso, forem muitos sinceros. O anonimato também é possível nesse cenário.

O local onde a sessão ocorre também é importante. Um espaço físico em que todos possam se expressar da mesma forma, sendo plenamente ouvidos e em igualdade de condições, pode ser um diferencial na eficiência e eficácia do *brainstorming*. Sugerimos que os participantes fiquem em círculo ou se reúnam em forma de U, com o facilitador ocupando o ponto central. Esses dois formatos propiciam o contato visual entre os participantes (David; Carvalho; Penteado, 2011).

Não há limite para a duração de uma sessão de *brainstorming*, mas é recomendado que tenha entre 30 e 60 minutos (David; Carvalho; Penteado, 2011) – embora não haja unanimidade de opiniões sobre esse aspecto. Quanto o facilitador percebe que as ideias começam a se tornar redundantes ou mesmo inexistentes, bem como que os participantes já demonstram sinais de cansaço, é o momento de encerrar a atividade.

Uma sessão de *brainstorming* deve ser composta pelas seguintes etapas (David; Carvalho; Penteado, 2011):

1. **Preparação**
   - O problema a ser resolvido ou o tema a ser abordado deve ser colocado pelo facilitador. Só se deve iniciar o *brainstorming* quando todos estiverem cientes do objetivo.

- A geração de ideias deve ser estimulada por meio de exemplos de sucesso obtidos em sessões anteriores ou mesmo em *cases* de outras empresas.
- Geração de perguntas, por parte do facilitador, para promover o início do processo criativo dos participantes.
- Exemplo: Como podemos melhorar os produtos X ou Y para aumentar as vendas?

2. **Geração**
    - Grande produção de ideias voltadas ao problema a ser resolvido ou à situação a ser analisada. Nessa etapa, **não** são permitidos julgamentos de mérito, emissões de opiniões sobre ideias alheias ou qualquer outro tipo de censura. Caso isso ocorra, o facilitador deve intervir rapidamente. Lembre-se de que a combinação de ideias pode gerar outras. Por isso, uma ideia que parece sem sentido no início pode gerar outra muito interessante.
    - O clima de liberdade, espontaneidade, respeito e interação deve ser mantido durante todo o tempo. Nesse momento, alguns "egos" maiores podem aparecer, interrompendo a fala de outro ou querendo sempre ressaltar suas ideias em detrimento das demais. Cabe ao facilitador identificar isso rapidamente e, cordialmente, solicitar que se encerre esse comportamento.
    - Perguntas sobre a viabilidade das ideias não devem ser feitas nesse momento. Todas as ideias são viáveis, até que se prove o contrário.
    - A igualdade e a equidade para expor as ideias devem ser regras indispensáveis;
    - Todas as ideias devem ser registradas e visíveis a todos;

- As ideias devem ser revisadas e algumas podem ser descartadas em razão da combinação de outras ideias inéditas.

3. **Avaliação**
    - Avaliação grupal sobre as ideias propostas. Nessa fase, alguns questionamentos podem ser realizados, sobre o ineditismo ou a relevância de algumas ideias.
    - Análise das ideias buscando relações por meio de agrupamentos e associações de similaridade ou proximidade.
    - Avaliação das ideias por meio de critérios técnicos, como custo, tempo para desenvolvimento, capacidade técnica da equipe, tecnologias envolvidas, nível de risco, entre outros.
    - ordenação das ideias com base no potencial (avaliado no item anterior).

4. **Seleção**
    - Devem ser eliminadas as ideias consideradas inconsistentes ou impraticáveis, desde que essa eliminação seja justificada.

5. **Implantação**
    - Registro das ideias priorizadas.
    - definição da forma de desenvolvimento e implantação das oportunidades de inovação propostas.

Cabe ao facilitador do *brainstorming* definir quantas sessões serão realizadas e com qual intervalo de tempo. Promover várias sessões analisando o mesmo problema ou a mesma situação pode propiciar que os participantes amadureçam o processo criativo e acabem sugerindo ideias mais complexas e com mais potencial de ser desenvolvidas em forma de projeto (David; Carvalho; Penteado, 2011).

5.2 Método dos seis chapéus

O método dos seis chapéus (Bono, 1999) foi desenvolvido pelo físico e psicólogo maltês Edward de Bono, na década de 1980, com o objetivo de apoiar a análise de uma situação-problema por meio de diversas perspectivas. Essas diferentes visões propiciam informações importantes para apoiar as tomadas de decisão, resultando em decisões mais acertadas. Cada chapéu representa o pensamento com diferentes características, de forma deliberada e com o conhecimento de todos. Isso evita que ocorram alguns conflitos no processo, afinal, estão todos apenas "interpretando".

Segundo Bono (1999), os sujeitos normalmente revelam dificuldades em analisar as situações de formas diferentes. Portanto, o método dos seis chapéus não só ajuda a compreender uma situação de forma ampla, mas também auxilia os participantes a criar o hábito de analisar o contexto de diversas formas, incorporando esse comportamento em sua rotina. Algumas pessoas culturalmente mais ricas e mais experientes até conseguem enxergar as situações-problema por outras perspectivas, mas normalmente o fazem de forma desorganizada, em razão da natural limitação para absorver grandes quantidades de informação de uma só vez.

A partir do momento em que as diferentes visões fornecem variadas informações sobre o objeto ou a situação analisada, a criatividade se aflora e se potencializa, originando ideias mais robustas. Assim, cada uma das formas de pensar é representada por um dos seis chapéus.

A simbologia do chapéu ajuda o pensador a simular uma atitude de forma deliberada e conhecida pelo grupo. A artificialidade da situação possibilita, também, que interlocutores solicitem a seus colegas que "mudem de chapéu", evitando eventuais conflitos interpessoais durante discussões de tomada de decisão. Em suma, as pessoas terão a oportunidade de dizer realmente o que pensam sem se preocupar com julgamentos alheios, afinal, estarão apenas representando a forma de pensamento do respectivo chapéu.

Quanto mais os chapéus forem utilizados, mais eles tornarão o processo criativo robusto. Isso torna o pensamento muito mais poderoso, focado e crítico. Substitui-se o pensamento atabalhoado ou que foge da discussão pelo enfoque estimulante, organizado e disciplinado. Nessa perspectiva, o método é muito fácil de ser utilizado, e indivíduos de qualquer formação, personalidade ou posição na empresa podem (e devem) participar. A essência do método é muito simples e de fácil aprendizado.

Como afirmado, o método ou técnica dos seis chapéus consiste na utilização de diferentes "**chapéus do pensamento**". Cada chapéu significa um aspecto diferente do pensamento. A cada rodada, um participante troca de chapéu (método de pensamento) e deixa os demais de lado, os quais serão assumidos por outras pessoas. Isso propicia a análise de todas as perspectivas possíveis da ideia ou proposta e evita que se caia em um pensamento comum, simplista e dentro da zona de conforto.

A seguir, apresentamos os seis chapéus e seus significados:

1. **Chapéu branco – coleta de dados**: a pessoa que estiver com esse chapéu não deve emitir opiniões pessoais ou juízos de valor. Seu papel se restringe a apresentar dados, informações neutras, figuras e fatos concretos relacionados ao objeto/situação/problema que estiver sob análise.

O pensamento do chapéu branco exige muita disciplina. Por isso, o pensador deve ser neutro e objetivo na apresentação dos dados e das informações para colaborar com o processo (Bono, 1999). Exemplos: *Aumentamos 30% nosso lucro no mês passado; As vendas desse mês diminuíram 7%; 2% de nossos vendedores atingiram a meta neste ano.*

2. **Chapéu vermelho – sentimento e intuição**: ao contrário do chapéu branco, frio e neutro, o chapéu vermelho se destaca pela emoção. A pessoa com esse chapéu deve expor suas emoções e seu lado passional, dizendo como se sente a respeito do assunto, sem a necessidade de justificar. A intuição deve ser colocada em prática nesse momento, e os sentimentos sobre o que está sendo analisado devem reger os comentários. Apesar de a criatividade ser um processo majoritariamente racional, o lado emocional deve estar presente. Por vezes, é a audácia provocada pelas emoções que proporciona a coragem suficiente para avançar em algumas ideias mais complexas (Bono, 1999). Exemplos: *Nossos clientes estão eufóricos com nossos últimos lançamentos; Estamos com muitas equipes sem motivação nenhuma para continuar trabalhando.*

3. **Chapéu preto – riscos e dificuldades**: o chapéu preto representa o perfil lógico negativo. Uma forma de compreender a importância desse perfil, aparentemente negativo, é pensarmos em como o otimismo exagerado por algo pode nos "cegar" perante possíveis problemas. Portanto, ter na equipe alguém com a função de colocar os integrantes com os "pés no chão" é muito importante. Infelizmente, esse perfil, no dia a dia de uma empresa, muitas vezes é visto como chato, pessimista ou baixo astral. Mas durante a execução da técnica dos seis chapéus, esse papel será rotativo, então, todos vão experimentar a sensação de serem os "estraga prazeres". A função dessa

pessoa é expor todas as possibilidades de algo não dar certo ou não acontecer da forma que se espera (Bono, 1999). Exemplos: *Nossos clientes vão debandar se não melhorarmos o serviço; e se os juros aumentarem?; E se nossos fornecedores nos deixarem na mão, temos um plano B?*

4. **Chapéu amarelo – benefícios e oportunidades**: esse é o oposto do chapéu preto. Sua existência justifica-se pela necessidade do equilíbrio entre o otimismo e o pessimismo. Esse é o chapéu do pensamento positivo, do otimismo em bases sólidas. Centra-se na busca pelos benefícios futuros do que está sendo analisado. Assim, busca explorar o pensamento lógico-positivista. É do chapéu amarelo que saem as propostas concretas e prontas para a ação (Bono, 1999). Exemplos: *Temos muito potencial para crescer se fizermos isso; Temos de ser corajosos para lançar isso; é nossa chance de crescer.*

5. **Chapéu verde – criatividade**: o chapéu que simboliza a criatividade e inovação. É o papel de pensar "fora da caixa". Esse papel é muito importante, pois é ele que deve pensar em como melhorar o que está sendo discutido. Cabe à pessoa que estiver com esse chapéu propor ideias e procurar por alternativas durante todo o tempo em que usá-lo. Assim como o chapéu preto, este se caracteriza com perguntas do tipo *E se...* (Bono, 1999). Exemplos: *E se nós mudarmos algumas pessoas de lugar aqui na empresa?; E se colocássemos mais algumas funções nesse nosso produto para deixá-lo mais atrativo?*

6. **Chapéu azul – coordenação e controle**: chapéu responsável pelo controle do processo. Cabe à pessoa que o utiliza verificar se todos os participantes estão cumprindo corretamente seus papéis relacionados à cor do chapéu que estão usando. É utilizado pelo facilitador do processo, aquele que conhece bem o processo dos seis chapéus e

vai conduzindo a reunião e chamando a atenção das pessoas quando alguma regra do processo é quebrada (Bono, 1999). Exemplo: se alguém começar a destacar problemas e pontos negativos no chapéu amarelo ou propor ideias com o chapéu preto, o facilitador deve interromper e lembrar a função de cada chapéu. Lembre-se de que os chapéus são rotativos, portanto, todos terão a oportunidade de expor seus pensamentos em todos os chapéus.

5.3 Design thinking

Ao passo que o *brainstorming* é uma técnica para o desenvolvimento do maior número possível de ideias visando à solução de um problema e que a técnica dos seis chapéus se dedica a estruturar uma ideia já definida e deixá-la mais robusta, o *design thinking* vai um pouco mais além. A criação de ideias continua sendo o ponto inicial, mas essa técnica auxilia os participantes até a fase de desenvolvimento da oportunidade de inovação, incluindo a prototipagem e os testes.

Embora a palavra *design* seja, normalmente, associada a desenho ou à aparência estética de um produto, o *design* como disciplina representa uma forma de pensar voltada a abrir novos caminhos para a inovação (Vianna et al., 2012). Assim, o propósito da técnica do *design thinking* é proporcionar a qualquer profissional o apoio necessário para pensar também como um *designer*, aumentando as possibilidades de transformar uma boa ideia em uma inovação de sucesso.

O *designer* percebe um problema em tudo aquilo que afeta o bem-estar de um indivíduo, impedindo uma experiência agradável. Por exemplo: ninguém (ou quase ninguém) gosta de ficar em filas, seja no banco, seja em uma loja ou na entrada de um *show*. Essa sensação, que por vezes é momentânea para quem a vive, para o *designer* acaba despertando um pensamento sobre o que poderia ser feito para acabar com essa experiência ruim. O exemplo, simplista, representa uma forma de pensar sobre como melhorar as coisas ao nosso redor.

Você já reparou como a grande maioria das inovações – se não todas – surge para solucionar um problema ou uma sensação ruim passada em alguma experiência? É nesse ponto que o *design thinking* foca, em identificar problemas e propor soluções.

Enfim, trata-se de uma maneira abdutiva de pensamento que busca solucionar problemas por meio de questionamentos sobre o fenômeno. A seguir, conheceremos as etapas desse processo: imersão; análise e síntese; ideação; e prototipação (Figura 5.2).

FIGURA 5.2 – Etapas do *design thinking*

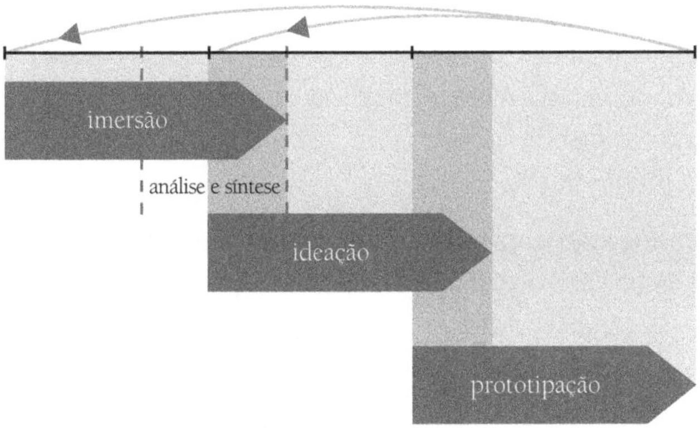

[Figura: etapas sequenciais — imersão; análise e síntese; ideação; prototipação]

FONTE: Vianna et al., 2012, p. 18.

Apesar de a figura nos remeter a um processo linear, o *design thinking* se caracteriza por um processo não linear e bastante versátil. As etapas podem acontecer simultaneamente e até no sentido contrário ao mostrado na figura (Vianna et al., 2012).

5.3.1 Etapa de imersão

O objetivo da etapa de imersão é colocar a equipe em contato com o problema ou, ao menos, com o contexto que envolve esse problema, sob o ponto de vista de diversos usuários. Assim como no *brainstorming*, não há uma regra para o número de componentes em uma equipe, mas se mantém a sugestão para que seja composta de cinco a dez membros.

O envolvimento da equipe com o contexto do problema deve ser feito coletando informações diversas sobre a questão em análise. O que acontece? Por que acontece? Com quem acontece? Como acontece? Esses são exemplos de reflexões que podem ser feitas na etapa de imersão.

Todavia, pode não ser muito simples compreender completamente todos os problemas, afinal, se fosse fácil, alguém provavelmente já o teria solucionado, não é verdade? Por isso, a etapa de imersão é dividida em: imersão preliminar e imersão em profundidade.

- **Imersão preliminar**: pode começar até antes do projeto. A imersão preliminar é a oportunidade que a equipe tem de estudar sobre o problema, a fim de conhecer o contexto e a origem, além de obter mais informações sobre o tema e a respeito das opiniões das pessoas etc. Um erro a não se cometer é se dedicar a solucionar um problema sem conhecê-lo profundamente. Uma parcela muito significativa do sucesso de uma solução está na capacidade de conhecer o problema.

- **Imersão em profundidade**: após a equipe estudar o problema, está na hora de "participar dele". A imersão em profundidade consiste no envolvimento direto da equipe com o ambiente em que o problema acontece. A empatia é uma habilidade de extrema importância nesse momento, pois saber colocar-se no lugar dos atores (clientes, colaboradores etc.) envolvidos nas situações proporciona o conhecimento sobre todas as dificuldades, dores, aflições e emoções negativas envolvidas. Diversas técnicas podem ser utilizadas, como a realização de entrevistas, a observação, a experimentação da situação, entre outras. Não há uma melhor do que outra. Assim, a escolha pela melhor técnica varia de acordo com o problema analisado. Nem todas as situações proporcionam que a equipe vivencie o problema, por exemplo.

Após a etapa de imersão, pressupõe-se que a equipe conheça o problema com propriedade suficiente para propor possíveis soluções. É importante salientar que, não raro, a etapa de imersão deve ser realizada várias vezes e pelo tempo que for necessário. Cada problema é de uma complexidade diferente e pode exigir mais ou menos esforço para ser compreendido. Portanto, invista o tempo que for preciso, mas em hipótese alguma avance para a etapa seguinte enquanto ainda houver dúvidas sobre a situação a ser solucionada.

5.3.2 Etapa de análise e síntese

A etapa de análise e síntese pode ser considerada uma subetapa realizada após a imersão. Nessa fase, acontece a sintetização das informações coletadas na etapa anterior para a geração de *insights* ou ideias. A organização e a condensação dessas informações em certos padrões facilitam a compreensão profunda do problema, em sua essência (Vianna et al., 2012). Sob essa ótica, entender a essência do problema com clareza afetará positivamente o processo a partir daqui.

Uma frase atribuída a Albert Einstein (citado por Cunha et al., 2016, p. 714) faz todo o sentido nesse momento: "Se te derem uma hora para mudar o mundo, invista 59 minutos entendendo o problema e 1 minuto será suficiente para encontrar a solução". Várias redações diferentes para essa frase podem ser encontradas na literatura e na internet, mas independentemente da redação, o conselho é sempre o mesmo: cada minuto investido na compreensão do problema economizará vários minutos na busca pela solução. Essa frase representa bem a importância das primeiras fases do *design thinking*.

Para saber mais

VIANNA, M. et al. **Design thinking**: inovação em negócios. Rio de Janeiro: MJV Press, 2012.

Neste livro, os autores descrevem com riqueza de detalhes todas as fases do *design thinking* e apresentam um *case* completo da aplicação de todas as etapas em uma situação real.

5.3.3 Etapa de ideação

FIGURA 5.3 – Desenvolvendo projetos a partir das ideias

Max Ribeiro

A etapa de ideação corresponde à fase de geração de ideias inovadoras voltadas à resolução do problema. Para isso, utilizam-se algumas ferramentas que apoiam a geração de ideias. O *brainstorming*, apresentado anteriormente, é uma das melhores técnicas para esse fim. Essa metodologia pode ser aplicada na íntegra como parte do processo de *design thinking*.

5.3.4 Etapa de prototipagem

A saída esperada para a etapa de ideação deve ser uma ou mais ideias bem-estruturadas e com potencial para gerar soluções para o problema em questão e uma inovação em potencial para a empresa.

Nessa etapa de prototipagem, a ideia deve sair do papel e começar a ser desenvolvida e testada. O objetivo é que o projeto represente a solução o mais próximo possível da realidade do que será desenvolvido. Trata-se, portanto, da fase de validação da ideia gerada.

É comum que alguns "problemas" no projeto sejam percebidos apenas nessa etapa. Isso pode gerar uma frustação geral na equipe, que chegou até aqui, aparentemente, para nada. Contudo, o sentimento deve ser o oposto. Descobrir um ponto falho nesse momento é muito melhor do que perceber o erro após a solução já estar no mercado, com muitos recursos investidos.

Nada impede que, em caso de problemas descobertos nessa fase, o processo volte às etapas anteriores, com o acréscimo de novas informações, e passe a ser desenvolvido de forma melhorada. Isso é perfeitamente normal e deve ser percebido pela equipe como algo positivo. A partir do momento em que a prototipagem apresenta um resultado positivo, a equipe pode ter a segurança de que as chances do projeto dar resultado aumentam consideravelmente. Existem diversos modelos de prototipagem: papel, desenho, encenação de um serviço, modelos em miniatura etc.

Percebemos que não existe uma sequência fixa nas etapas do *design thinking* – apenas sugerida. Todas as etapas podem ser realizadas quase simultaneamente, e pode haver o retorno para etapas anteriores quantas vezes isso se fizer necessário. É importante que o usuário veja essa metodologia como um apoio à tomada de decisão. É muito mais seguro para um empresário ou gestor investir em uma ideia que passou por essas etapas em relação a quaisquer outras, por melhores que pareçam.

5.4 Business model canvas

Depois de o *brainstorming* dar suporte à geração de ideias; a técnica dos seis chapéus auxiliar na análise das ideias de forma mais estruturada sob diferentes pontos de vista; e o *design thinking* favorecer a estruturação das ideias até a fase de prototipagem, chegou a hora de continuarmos nossa caminhada examinando uma metodologia que ajuda a transformar essas oportunidades de inovação em projetos estruturados com novos modelos de negócio: o *business model canvas*, ou apenas *canvas*.

Figura 5.4 – *Canvas*: a metodologia que conduz às soluções

Max Ribeiro

O método *canvas* foi desenvolvido por Alexander Osterwalder, palestrante, consultor e teórico suíço, e publicado em 2011. Foi resultado de seu doutorado na Universidade de

Lausanne, na Suíça. Isso, por si só, já garante que o método foi elaborado com base em uma rigorosa metodologia científica.

Osterwalder queria desenvolver um método capaz de descrever qualquer modelo de negócio, independentemente da organização, em um modelo visual que propiciasse a todos os atores a visualização completa do modelo estruturado, facilitando o desenvolvimento de novas ideias e oportunidades com relação ao modelo de negócio que estava sendo construído. A metodologia pode ser aplicada tanto em uma empresa em fase de projeto quanto em uma organização já consolidada.

O *canvas* corresponde a um mapa dos principais aspectos que formam uma empresa e que buscam responder a quatro questões (Figura 5.5) aparentemente simples:

1. Para quem? – clientes;
2. O quê? – oferta;
3. Como? – infraestrutura;
4. Quanto? – viabilidade financeira.

FIGURA 5.5 – *Canvas*: os quatro grandes grupos

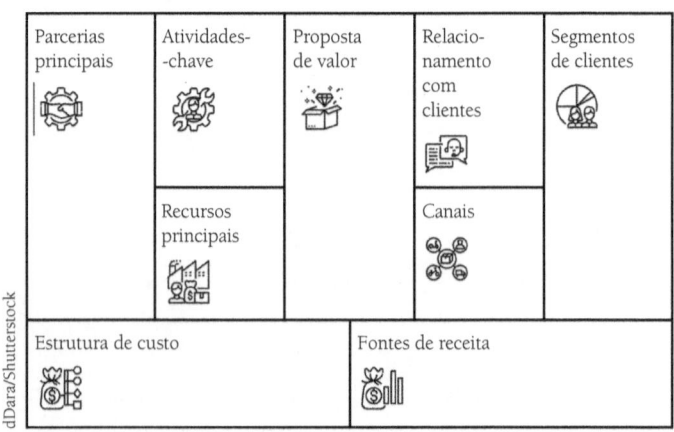

Parcerias principais	Atividades-chave	Proposta de valor	Relacionamento com clientes	Segmentos de clientes
	Recursos principais		Canais	
Estrutura de custo			Fontes de receita	

FONTE: Osterwald; Pigneur, 2011, p. 44.

Essa figura mostra os quatro grandes blocos do *canvas*. O formato em quadro permite analisar de forma visual o modelo de negócios que está sendo criado, reestruturado ou adaptado. O apelo visual do método auxilia o processo criativo de todos os envolvidos (cocriação), pois permite rápido acesso a múltiplas informações sobre o cenário, ponto crucial para o estímulo ao potencial criativo. A seguir, analisaremos os nove itens que, juntos, compõem os quatro blocos do *canvas*.

1. **Bloco "Como?"**
   - Parcerias principais: toda empresa, invariavelmente, precisa de parceiros para seu pleno funcionamento. Conhecer quem são esses parceiros e, principalmente, de que forma se estabelece essa relação é de suma importância.
   - Atividades principais: a equipe deve descrever de forma detalhada as atividades principais a serem realizadas para que a empresa ou oportunidade de inovação aconteça.
   - Recursos principais: descrever os principais recursos necessários para o desenvolvimento do modelo de negócios ou do projeto a ser desenvolvido. Devem ser restritos aos recursos tecnológicos, físicos e humanos necessários.

2. **Bloco "O que?"**
   - Proposta de valor: trata-se do "coração" do plano. Nesse campo, deve-se descrever todos os produtos e/ou serviços que serão oferecidos aos clientes e, mais do que isso, refletir sobre o valor que tais produtos e/ou serviços podem agregar aos consumidores. A falta de clareza nesse ponto pode expor uma fraqueza da

empresa ou do projeto. Não avance aos outros blocos enquanto este não estiver bem definido e claro a todos.

3. **Bloco "Para quem?"**
    - Relacionamento com clientes: definir os tipos de relacionamento com os clientes, visando atrai-los e mantê-los.
    - Segmentos de clientes: estabelecer quem serão os clientes. Definir se terão algum perfil específico e qual será esse perfil serve para direcionar ações de *marketing*, bem como os canais de comunicação utilizados, os preços dos produtos e/ou serviços, entre outros.
    - Canais: nesse campo, devem ser descritos todos os canais necessários para atender o cliente com maior eficácia, tanto os referentes à logística de entrega, se houver, quanto aqueles relacionados aos canais de comunicação a serem utilizados nessa relação empresa-cliente.

4. **Bloco "Quanto?"**
    - Estrutura de custos: nesse campo, devem ser listadas todas as estruturas de custos para empresa. Mapear todos os itens que gerarão tais custos é vital para a elaboração do futuro planejamento financeiro.
    - Receitas: da mesma forma que é importante conhecer as estruturas geradoras de custos, identificar as fontes de receita é ainda mais relevante. Muitas organizações têm algumas fontes de receitas secundárias e que, por vezes, não são percebidas pelos gestores. Há casos em que tais fontes são tão significativas que acabam se tornando até maiores do que a fonte de receita principal.

- Vale salientar que, neste bloco, devem ser levantadas apenas as estruturas de custos e as fontes de receita, não adentrando o aspecto financeiro em si. Valores não estão presentes nesse momento.

O método *canvas*, além de ser capaz de organizar as informações de forma visual, facilitando o entendimento de todos – mesmo daqueles atores menos familiarizados com o modelo de negócios ou o projeto em questão –, também é uma importante ferramenta de estímulo à criatividade. A oportunidade de visualizar todos os pontos cruciais da empresa de forma fácil e, principalmente, de compreender a inter-relação entre esses pontos pode gerar diversas oportunidades de melhoria que antes não seriam possíveis.

Outro aspecto importante do *canvas* como método de estímulo à criatividade é o fato de ele ser mutável, ou seja, pode ser alterado. Qualquer mudança realizada em quaisquer campos pode originar alterações nos outros campos e, consequentemente, novos *insights* criativos. Nesse momento, propor formas inovadoras para tirar o máximo proveito dessas parceiras pode ser um importante diferencial competitivo.

É válido salientar, ainda, que o *canvas* é um método de estruturação dos novos modelos de negócio e de criação, não tendo como objetivo validar o modelo. O fato de estruturarmos um *canvas* não faz desse modelo de negócio uma certeza de sucesso. Diante disso, por mais completas que as metodologias de apoio à criatividade possam ser, não se exclui a necessidade de elaboração de um plano de negócios completo e detalhado, envolvendo toda a parte financeira, item não presente em nenhum método apresentado anteriormente.

5.4.1 Modelos alternativos de *canvas*

A metodologia do *business model canvas* (Osterwald; Pigneur, 2011) faz tanto sucesso que acabou inspirando algumas variações de diversos autores ao longo da última década. Todas utilizam a mesma estratégia, ou seja, são voltadas para o desenvolvimento de algo por meio de uma estrutura visual e de fácil compreensão.

Estão disponíveis *canvas* voltados a diversos aspectos:

- *Project model canvas* – estruturação de projetos;
- *Innovation management canvas* – estruturação de uma cultura voltada à inovação;
- *Lean canvas* – estruturação de projetos de *startups* enxutas;
- *Business model you* – estruturação de carreiras profissionais;
- *Product/market fit canvas* – descrição do mercado de um novo produto/serviço:
- *Marketing campaign model canvas* – estruturação de campanhas de marketing;
- *Startup canvas* – estruturação de uma *startup*;
- *Service innovation canvas* – estruturação de uma ideia de potencial inovador em serviços;
- *Customer journey canvas* – mapeamento das ações dos consumidores de serviços.

Esses são alguns modelos alternativos ao *business model canvas*, de Osterwalder, disponíveis na internet. Tais modelos alternativos não têm relação de autoria com os autores do modelo original. De qualquer forma, podem ser úteis e apoiar em algumas situações.

Para saber mais

OSTERWALDER, A.; PIGNEUR, Y. **Business Model Generation**: inovação em modelos de negócios. Rio de Janeiro: Alta Books, 2011.

Este livro apresenta todo o processo de criação do *business model canvas*, descrito por seus criadores, além de alguns *cases* e de diversos exemplos preenchidos.

Síntese

Neste capítulo, apresentamos quatro técnicas de apoio ao processo criativo: o *brainstorming*, para apoiar a criação de ideias de forma organizada e voltada a uma situação-problema, visando gerar o máximo possível de ideias para obter uma solução; o métodos dos seis chapéus, cujo objetivo é estruturar uma ideia definida, deixando-a mais complexa e robusta, por meio de uma análise realizada sob diferentes pontos de vista; o *design thinking*, que objetiva criar ideias e desenvolvê-las até a fase de prototipagem de um novo produto/serviço/processo; e o *business model canvas*, que visa estruturar as oportunidades em novos modelos de negócios para a empresa ou, mesmo, novas empresas.

Essas quatro técnicas, juntas, contemplam todo o processo de criação de uma inovação, partindo do apoio ao estímulo criativo, passando pelo desenvolvimento da ideia até a estruturação completa da solução, a qual, por sua vez, torna-se uma inovação implantada e aceita pelo mercado.

Questões para revisão

1. Com relação às técnicas de apoio à criatividade, avalie as opções a seguir e, em seguida, assinale a alternativa correta.

   I. *Brainstorming*.
   II. Métodos dos seis chapéus.
   III. *Design thinking*.
   IV. *Canvas*.

   a) Apenas I.
   b) Apenas I, II e III.
   c) Apenas II e III.
   d) Apenas I, III e IV.
   e) Todas as alternativas estão corretas.

2. A total liberdade na geração de ideias, sem julgamentos ou preconceitos, visando à criação do maior número de ideias possível, é característica de qual técnica?

   a) *Canvas*.
   b) Seis chapéus.
   c) *Brainstorming*.
   d) Inovação.
   e) Interatividade.

3. Assinale a alternativa que apresenta o criador da técnica dos seis chapéus:

   a) Edward de Bono.
   b) Alex Osborn.
   c) Alexander Osterwalder.
   d) Alexandre Deming.
   e) Howard Gardner.

4. Qual é a importância da utilização de técnicas de apoio à criatividade no ambiente organizacional? Explique, em até dez linhas, as vantagens obtidas no uso dessas técnicas e os problemas que podem surgir na ausência delas.
5. Você conseguiria simular o preenchimento do *canvas* com base em uma empresa que gostaria de abrir? Pense em alguma empresa que sonha transformar em realidade e simule o preenchimento do *business model canvas* conforme descrito neste capítulo e conheça todos os desafios e benefícios dessa fantástica técnica.

Questão para reflexão

1. Você já participou de alguma das metodologias de estímulo à criatividade apresentas neste capítulo? Se sim, relate em até dez linhas a avaliação que você fez desse momento. Se não, consegue se recordar de alguma situação em que a aplicação de alguma dessas metodologias poderia ter ajudado? Siga o mesmo procedimento, mas, nesse caso, elabore um pequeno texto de até dez linhas sobre sua reflexão.

6

Criatividade e inovação

Conteúdos do capítulo

- Relação entre criatividade e inovação.
- Processo de gestão da inovação.
- Conceitos de inovação.
- Tipos de inovação.
- Abrangência da inovação.
- Inovação aberta (cocriação).
- Economia criativa.

Após o estudo deste capítulo, você será capaz de:

1. compreender a relação direta entre criatividade e inovação;
2. entender a importância da criatividade em um ambiente inovador;
3. identificar as etapas do processo de gestão da inovação;
4. realizar a etapa de levantamento de ideias;
5. estabelecer critérios para a seleção de ideias;
6. compreender a relevância da definição dos recursos necessários para o desenvolvimento de um projeto de inovação;
7. entender a importância do conhecimento em gestão de projetos;
8. estabelecer a relação entre a aprendizagem organizacional e a criatividade;
9. diferenciar inovação incremental, radical e de ruptura;
10. compreender a importância da cocriação (inovação aberta);
11. entender a economia criativa e o papel dela no contexto empresarial brasileiro.

Depois do estudo de cinco capítulos sobre a história da criatividade, os estímulos, as barreiras, os instrumentos de mensuração e as principais metodologias de apoio ao processo criativo, você já deve ter percebido que o principal resultado desse processo nas organizações é a inovação. Na vida cotidiana, a criatividade passa a ser útil quando resolve um problema, ajuda a sair de uma situação controversa ou, mesmo, quando permite criar algo de forma artística, sem necessariamente existir um fim comercial. Mas, nas empresas, é apenas a partir do surgimento de inovações implantadas e que apresentem resultados que a criatividade passa a ter sentido.

Afinal, como se desenha o processo para transformar uma ideia em inovações e, consequentemente, em riqueza? Neste capítulo, exploraremos o processo que envolve a relação entre criatividade e inovação. Vamos desvendar esse processo e suas dificuldades, a fim de que as ideias se desenvolvam com potencial para que se tornem a tal busca pela inovação, capaz até de alterar uma sociedade ou a forma como vivemos.

6.1 Processo de gestão da inovação

Figura 6.1 – Acerte no alvo

Max Ribeiro

Na literatura, não existe um consenso sobre a denominação desse processo de transformar uma ideia em inovação. Entretanto, uma forma muito simples de exemplificar isso é pelo método chamado de *processo de gestão da inovação* (PGI). Esse método foi idealizado pelos professores doutores Dálcio Reis, Hélio Gomes de Carvalho e Márcia Cavalcante e representa uma metodologia de desenvolvimento de ideias até se tornarem oportunidades de inovação em apenas cinco etapas, de forma didática e aplicável a quaisquer empresas, independentemente de porte, setor ou mercado. As cinco etapas, representadas na Figura 6.2, são: levantamento; seleção; definição de recursos; implantação; e aprendizagem (Reis; Carvalho; Cavalcante, 2011). As quatro primeiras fases são sequenciais, e a quinta é transversal a todas elas, acontecendo simultânea e paralelamente às demais.

Figura 6.2 – Processo de gestão da inovação

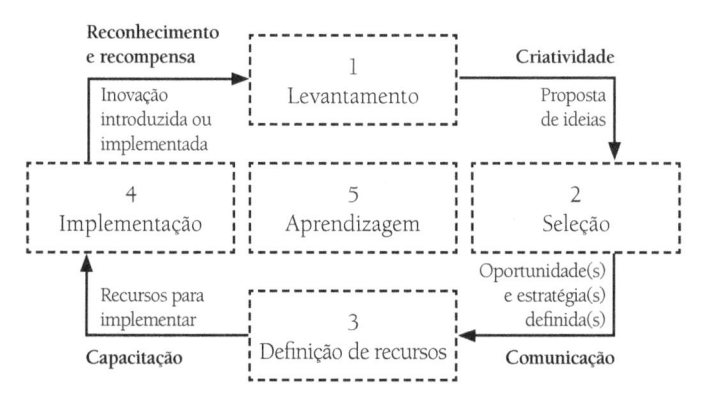

Reconhecimento e recompensa	1 Levantamento	Criatividade
Inovação introduzida ou implementada		Proposta de ideias
4 Implementação	5 Aprendizagem	2 Seleção
Recursos para implementar Capacitação	3 Definição de recursos	Oportunidade(s) e estratégia(s) definida(s) Comunicação

Fonte: Reis; Carvalho; Cavalcante, 2011, p. 57.

O PGI é um processo testado em diversas situações e contextos, de salas de aula a empresas multinacionais. Isso mostra que não há prerrequisito técnico para o desenvolvimento dessa metodologia. Para sua implantação, basta apenas uma equipe engajada, ciente dos objetivos da organização, e lideranças comprometidas e com atitude positiva perante as mudanças que podem (e devem) surgir a partir daí.

As cinco etapas do PGI assim se desenvolvem:

1. **Levantamento**: é a etapa em que a criatividade deve estar mais presente. Representa a busca sistemática de oportunidades de inovação (ideias) que permitam antecipar tendências de novos produtos, novos processos e serviços, observando sinais de mudança no ambiente competitivo. A busca pelas ideias da etapa de levantamento pode muito bem ser realizada por meio de um *brainstorming*, técnica que já aprendemos neste livro. Entretanto, Reis, Carvalho

e Cavalcante (2011) listaram algumas dicas importantes para que essa fase resulte no maior número de ideias possíveis:

- **Enxergar além do que está aparente**: permita-se ser um pouco "fora da casinha". Não tenha medo de ser audacioso. Como o *brainstorming* tem por premissa o não julgamento das ideias propostas, aproveite esse momento para colocar uma ideia mais pretensiosa na mesa. Quem sabe não está ali uma ideia genial? As grandes inovações que mudaram o mundo surgiram de pessoas que não tiveram medo de se expor.
- **Perceber novos canais para distribuição de seus produtos e serviços e novos modelos de negócio**: existe uma tendência natural das pessoas que participam desses momentos de criação a centrarem suas ideias para novos produtos ou serviços, esquecendo que existem outras formas de inovação. Por muitas vezes, o produto ou serviço é bom, mas apenas não está sendo mostrado/vendido/distribuído da melhor forma.
- **Identificar necessidades do cliente**: essa afirmação parece óbvia, mas é sempre importante relembrá-la. Os clientes são a maior fonte de informação de qualquer empresa.
- **Compreender as ameaças e oportunidades sinalizadas pelo mercado**: por mais que não seja de forma tão explícita, o mercado normalmente sinaliza algumas mudanças de comportamento. Identificar essas mudanças com antecedência pode ser uma fonte muito importante de criatividade e de novas ideias. Evidentemente, nem todas as ameaças podem ser identificadas, como a terrível pandemia de coronavírus, ocorrida em 2020, por exemplo. Mesmo assim,

sendo algo imprevisível, percebeu-se claramente que algumas empresas estavam mais preparadas que outras para esse tipo de situação, inovando de forma muito rápida e se adaptando ao novo cenário com reativo sucesso.
- **Identificar oportunidades de eliminar desperdícios de forma sustentável**: ver a sustentabilidade como uma oportunidade, e não como um problema, pode ser um estímulo à criatividade.
- **Efetuar comparações com os concorrentes**: há muitos estudiosos resistentes a essa dica. Eles afirmam que, ao nos compararmos com nossos concorrentes a fim de nos inspirarmos a novas ideias, o máximo que vamos conseguir chegar é aonde eles já estão. Apesar de esse argumento ser muito válido, ainda podemos entender nossos concorrentes como fontes de boas ideias. Por que não nos inspirarmos neles para poder melhorar o que eles fazem?
- **Buscar fontes de informação**: essa dica é muito direta. Seja uma pessoa culta, conhecedora do mundo, estude, leia e se interesse pelas coisas, mesmo que estejam fora de sua área profissional. Isso resultará em maior capacidade criativa.

Ao final dessa fase, espera-se obter um número considerável de ideias. Entretanto, a menos que você tenha recursos humanos e financeiros quase infinitos, é operacionalmente impossível trabalhar com todas as ideias ao mesmo tempo. Por isso, faz-se necessária uma cuidadosa seleção. Mas diante de tantas ideias aparentemente legais, como selecionar a melhor para o momento? Um dos erros mais comuns cometidos pelos gestores é movido pela empolgação das ideias que surgiram na etapa anterior: decidir ir a frente com todas, sem nenhum critério técnico. Normalmente, acaba-se não conseguindo desenvolver nenhuma, e as ideias vão para a gaveta.

2. **Seleção**: selecionar uma ou mais oportunidades de inovação, procurando analisar criteriosamente as opções disponíveis. A comunicação será a habilidade mais importante nessa fase. Muitas ideias excelentes acabam parando nessa etapa por não serem corretamente explicadas aos demais. Para a etapa de seleção ser eficaz e conseguir filtrar a(s) ideia(s) mais interessante(s) para esse momento, são necessários alguns critérios técnicos. Deve-se cuidar para não acabar escolhendo a melhor ideia com base no *feeling*. Nem tudo que parece bom de fato é. Exemplos de critérios importantes para auxiliar a tomada de decisão sobre a melhor ideia estão apresentados a seguir:

- **Contribuição na redução de custos**: existem algumas inovações que não vão aumentar suas vendas ou diversificar seu portfólio, mas que são capazes de reduzir os custos. Isso pode representar um ganho representativo.
- **Contribuição na redução de prazos**: da mesma forma, algumas ideias podem resultar em diminuição dos prazos de fabricação, de distribuição e de entrega aos clientes. Desprenda-se da visão de que apenas o aumento da receita é importante; a redução dos custos e dos prazos também pode ser relevante.
- **Aceitação pelo cliente**: investir em ideias que podem gerar inovações que serão aceitas pelo cliente diminui o risco inerente à inovação.
- **Tamanho do mercado a ser atendido**: quanto maior for o mercado a ser atendido pela oportunidade de inovação, melhor. Esse é um critério encantador,

portanto, atenção para não dar muito valor a ele em detrimento dos demais.

- **Facilidade de financiamento do desenvolvimento**: não raro, bancos e órgãos governamentais lançam programas de apoio ao desenvolvimento de inovações. Mas esses apoios normalmente contemplam alguns setores ou tipos de inovação específicos. Se alguma de suas ideias for alinhada a esses apoios, por que não priorizá-los e desenvolvê-los com o apoio financeiro de terceiros?
- **Facilidade de desenvolvimento/implantação/ produção**: se sua empresa tiver recursos financeiros, técnicos e humanos limitados, esse critério deve ser levado em conta. Afinal, não adianta nada optar por uma ideia fantástica e não conseguir explicá-la aos demais colaboradores.
- **Relação lucro/investimento**: esse indicador é o mais intuitivo de todos. Muitas vezes, é colocado como prioridade. A relação entre os gastos e o potencial de lucro com a inovação sempre deve ser levada em consideração nesse processo de seleção. Todavia, usar apenas esse critério em detrimento dos demais pode ser um erro.

É importante salientar que os critérios sugeridos não apresentam resultados quando analisados separadamente. É muito importante que cada ideia seja avaliada com base em, ao menos, boa parte desses critérios antes de qualquer decisão. Outro ponto de atenção é que não há um critério mágico, capaz de resolver todos os problemas. Por isso, analise de acordo com o contexto da empresa quais critérios devem ser priorizados, mas não subestime os demais.

Depois de selecionar a melhor ideia, é hora de definir os recursos necessários para tirá-la do papel e transformá-la em um projeto.

3. **Definição de recursos**: definir os recursos (humanos, financeiros, infraestrutura, tecnologias) necessários para introduzir e/ou implementar as oportunidades de inovação selecionadas, identificando as formas de acesso (financiamento, compra, desenvolvimento interno etc.). Nessa fase, a capacitação e o conhecimento técnico da equipe sobre gestão desses recursos podem fazer a diferença.
A seguinte frase representa bem a importância da etapa de definição de recursos: nunca, em hipótese alguma, comece um projeto sem ter todos os recursos em mãos ou, pelo menos, sem saber onde buscá-los. A seguir, apresentamos algumas orientações para essa fase:

- **Definir o conjunto de recursos necessários a fim de introduzir e/ou implementar as oportunidades escolhidas na etapa anterior**: saber quem fará, quanto custará e como será feito são dados fundamentais para o planejamento do projeto.
- **Compatibilizar os recursos necessários com as competências internas**: tão importante quanto definir os recursos necessários é compatibilizá-los com os recursos e as competências já existentes na empresa. Se necessário, busque esses recursos no mercado ou via parceiros.
- **Saber comprar, licenciar ou contratar novidades fora da empresa**: corroborando com a orientação anterior, saber negociar recursos fora da empresa pode

ser o diferencial entre o sucesso e o fracasso antecipado do projeto. Por isso, invista em suas capacidades de argumentação, persuasão e negociação.

- **Definir as formas de acesso à tecnologia**: nessa fase, é muito comum descobrir a necessidade de utilizar alguma tecnologia que ainda não se detém. Nesse caso, o gestor costuma se dirigir ao controle financeiro da empresa e verificar se a organização possui ou não dinheiro para comprá-la. O que muitos não sabem é que existem outras formas de aceder às tecnologias: licenciar, estabelecer parcerias, desenvolver internamente, subcontratar outras empresas, entre outras. É importante basear a escolha em critérios técnicos, como: risco, custo, tempo para uso, exclusividade e domínio da tecnologia. Por exemplo: comprar uma tecnologia pronta pode ser rápido, mas não dará à empresa nenhum domínio sobre ela. Por sua vez, desenvolvê-la internamente pode trazer exclusividade, passível até de patente, mas normalmente é um processo demorado e com alto custo. Enfim, vale a pena fazer uma boa reflexão para orientar a escolha pela melhor opção.

4. **Implantação**: executar os projetos da(s) oportunidade(s) de inovação por meio do acompanhamento de seu desenvolvimento em termos de prazo, custos e qualidade, considerando as necessidades de outros setores da empresa (*marketing* e vendas, por exemplo). Nessa fase, é fundamental que um programa de reconhecimento e recompensa já esteja estabelecido. Ver uma ideia se transformar em uma inovação de sucesso é fantástico para a empresa. Por isso, nada mais justo que reconhecer e recompensar o autor da ideia.

FIGURA 6.3 – Faça projetos

Tire suas ideias da cabeça, coloque no papel!! Faça projetos...

Max Ribeiro

Após levantar ideias, selecionar as melhores com base em critérios técnicos e reunir todos os recursos necessários, passa-se ao momento de colocar o projeto em desenvolvimento, gerando inovações que sejam implantadas na empresa ou no mercado. Todavia, desenvolver o projeto até que a inovação esteja pronta para ser inserida no mercado não é uma tarefa simples. Exige do gestor diversas ações, tais como:

- **Definir claramente o escopo do projeto da inovação a ser introduzida e/ou implantada**: mesmo nessa fase mais avançada, é sempre válido formalizar o objetivo do projeto. Ainda que surjam novas informações durante esse desenvolvimento, manter o foco e a clareza sobre o que se está fazendo é fundamental.
- **Adquirir os recursos previstos**: depois de estabelecer os recursos necessários, esse é o momento de

adquiri-los. Conhecer o fluxo dos recursos e a periodicidade para adquirir cada um, mantendo a saúde financeira do projeto, pode ser o diferencial entre o êxito e o fracasso da empreitada.

- **Estabelecer datas e formas de acompanhamento (prazo, custos e qualidade)**: essa etapa é fundamental. São inúmeros os casos de projetos com potencial que acabam ficando estagnados nessa etapa. Por isso, definir um cronograma físico-financeiro, criar padrões de qualidade e avaliar os riscos de cada ação são atitudes que exigem um nível de conhecimento mais avançado por parte do gestor. O tempo dedicado ao projeto também pode ser um gargalo nesse momento, pois em muitas empresas (micro e pequenas, em especial) o gestor está mais dedicado à operação do que à própria gestão da empresa. O efeito disso é a falta de tempo por parte do gestor e a consequente parada no projeto.
- **Preparar o lançamento da inovação**: tão importante como o desenvolvimento da inovação é seu lançamento. Saber o momento certo do mercado, o *timing* dos concorrentes e definir a política de preços são pontos relevantes. Erros nesse momento do processo podem colocar todo o trabalho a perder.
- **Alinhar as atividades de introdução da inovação de produto com *marketing* e vendas**: envolver os setores de *marketing* e vendas nesse momento é necessário. De nada adianta lançar um produto ou serviço incrível se ninguém souber que ele existe. Assim, acreditar que os clientes vão simplesmente aparecer é um erro. Estabeleça seu público-alvo e verifique os melhores meios para chegar até eles. Lançar um produto excelente na hora errada pode gerar efeitos perversos à organização.

- **Considerar a importância do gerenciamento de projetos das inovações de forma adequada, acompanhando prazos, qualidade e custos**: essa dica vale para apoiar as anteriores. Mesmo que o empresário não seja um gestor de projetos profissional, conhecer os princípios básicos da gestão de projetos é fundamental para o dia a dia de uma empresa que almeja desenvolver uma cultura para a inovação.

A etapa de implantação é a que mais exige de todos os envolvidos. Infelizmente, é nessa fase que alguns projetos acabam engavetados por muitos motivos: falta de tempo, desalinhamento entre os recursos previstos e os necessários, rotatividade de pessoal, desmotivação, entre outros. Contudo, seguir adiante é fundamental. Ajuste o caminho, reorganize a empresa, prepare seu pessoal... Enfim, faça o que for necessário para buscar o que tanto sonhou, mas com planejamento e consciência de que o risco sempre existe, por mais que se faça tudo para minimizá-lo.

Outro aspecto importante é que, apesar de parecer um processo linear até aqui, nas quatro primeiras fases, nada impede que, caso uma falha seja identificada, o processo retorne a fases anteriores quantas vezes for necessário. Não são raras as vezes em que uma ideia que passou da etapa de seleção como sendo a melhor não seja viável na terceira fase por diversos motivos. Muitos gestores concebem esse acontecimento como algo desmotivador, quando a correta interpretação seria a de alívio por ter descoberto um erro a tempo de consertá-lo. Sendo o erro algo inevitável no processo de gestão da inovação, é melhor que esse erro ocorra o quanto antes, servindo como um rico aprendizado.

É muito natural vermos produtos e/ou serviços de sucesso de empresas de âmbito mundial e ficarmos impressionados com a capacidade de essas organizações produzirem coisas novas. Mas o que não percebemos é a quantidade de tentativas, erros e frustações que as equipes tiveram até atingir o resultado esperado. Sob essa ótica, além de ser uma metodologia para auxiliar as empresas a transformar os frutos da criatividade em inovação, o PGI também serve para identificar falhas no processo, evitando que as organizações, muitas vezes com recursos limitados, invistam em projetos excessivamente arriscados.

Para saber mais

PROJECT MANAGEMENT INSTITUTE. **Guia PMBOK**: um guia do conhecimento em gerenciamento de projetos. 6. ed. São Paulo: Saraiva, 2018.

Esta é a obra oficial tanto para profissionais gestores de projeto quanto para quem quer desenvolver algumas habilidades importantes para aumentar o potencial de transformação de boas ideias em inovações que tragam valor.

5. **Aprendizagem**: refletir sobre o processo de gestão da inovação como um todo, revisando etapas, ações e ferramentas e registrando as lições aprendidas.

    A etapa de aprendizagem, como já salientado, é uma etapa transversal a todas as outras, mas nem por isso é menos importante. O aprendizado organizacional propicia às empresas um banco de informações relevantes sobre o processo como um todo, servindo, inclusive, como uma fonte de novas ideias, estimulando a criatividade. A aprendizagem permite que a organização e os atores envolvidos melhorem o nível de conhecimento sobre o processo, possibilitando que ele seja realizado de forma mais fácil nas próximas vezes, evitando repetir erros ocorridos, economizando custos e minimizando riscos. A seguir, apresentamos algumas ações relativas a essa etapa:

- **Refletir sobre o processo de inovação como um todo (o que aconteceu, o que funcionou bem, o que não deu certo, resultados obtidos, novas ideias etc.)**: esse é o ponto central do processo de aprendizagem. Não há aprendizagem sem uma reflexão a respeito do que deu errado e, sobretudo, sobre os motivos que levaram a esse erro. Identificar os passos acertados realizados durante todo o processo também é muito importante para que possam ser repetidos novamente. Embora o PGI gere um cenário diferente a cada momento em que é utilizado, você perceberá que algumas ações tendem a seguir um padrão. Identifique esses padrões para que representem sua linha mestre nas próximas vezes.
- **Registrar as lições aprendidas, evitando "reinventar a roda" sempre que for iniciar outras ideias**: tão importante quanto refletir sobre todo o processo é registrar tudo que aconteceu, tenha dado certo ou não. As decisões acertadas devem servir como base para as tomadas de decisão nas próximas vezes, e as decisões equivocadas, como lições a não se repetir. Nessa perspectiva, é importante ressaltar que, embora as situações devam ser registradas, não devemos ver esses registros como "livros de receita" para as próximas vezes, e sim apenas como material para reflexão. As situações mudam, bem como as pessoas e a própria complexidade de cada projeto. Então, algo que deu errado antes pode dar certo agora e vice-versa. De qualquer forma, esse ponto não

minimiza a importância de efetuar o registro de tudo, como forma de aprendizagem organizacional.
- **Lançar novos produtos e processos, já refletindo sobre mudanças necessárias a partir do aprendizado anterior**: aqui a criatividade volta à tona. Apesar de importante em todo o PGI, com destaque evidente para a fase de levantamento de ideias, nesse ponto a criatividade volta ao devido destaque. Tornar o PGI uma prática rotineira na empresa promove um ambiente capaz de gerar inovações constantemente. Por isso, logo após lançar produtos e serviços inovadores, já se deve começar a pensar em como melhorá-los ainda mais. Lembre-se: a cada produto ou serviço de sucesso desenvolvido por uma organização, existem outras empresas de olho para fazer algo parecido. A competitividade não nos permite descansar. Tornar a criatividade e a inovação estratégias organizacionais aumenta muito a competitividade das empresas. Por isso, recomeçar sequencialmente o PGI é fundamental.

Uma recomendação importante para a etapa de aprendizagem é que ela deve ir além da mera institucionalização de rotinas (por exemplo: a partir do momento em que uma ação dá certo, repeti-la infinitamente). Embora seja relevante como fator de acumulação de experiências e como alavanca para a eficiência e produtividade, a fase de aprendizagem precisa ser contrabalanceada com a manutenção (ou criação) da capacidade de aprender em "duplo ciclo" (Quadro 6.1). Não basta, portanto, que a organização melhore as suas rotinas repetindo indiscriminadamente as ações que deram resultado (ciclo simples de aprendizagem). É recomendável questionar e desafiar essas mesmas rotinas (ciclo duplo de aprendizagem) (Cunha et al., 2016).

Quadro 6.1 – Os dois níveis de aprendizagem

Ciclo Simples	Ciclo Duplo
- Detecção e correção de erros dentro de certo padrão de referência.	- Compreensão, questionamento e melhoria da trajetória atual, da forma de operar e do padrão de referência.
- Questionamento de fatos objetivos.	- Questionamento de factos objetivos, mas também das razões e motivos inerentes.
- "Temos que melhorar a forma como se faz".	- "Temos que nos perguntar por que fazemos deste modo".
- Fazer melhor o que já se faz; corrigir desvios relativamente ao previsto.	- Se necessário, fazer diferente do que se faz; definir novos padrões de referência.
- Lógica adaptativa.	- Lógica generativa.
- Mudança operacional.	- Mudança conceitual.
- Mudança superficial.	- Mudança substancial.
- Exemplo 1: O termostato está programado para certa temperatura, pelo que atua sempre que esse nível de calor não está a ser alcançado.	- Exemplo 1 (figurado): O termostato questiona-se se o padrão de temperatura definido é o apropriado, se a fonte de calor atual é a mais ajustada para aquecer a sala, e porque foi esse o padrão definido.
- Exemplo 1: Um gestor, perante as queixas dos seus colaboradores de que as novas ideias são submetidas à cerca de 275 verificações, decide criar um grupo de trabalho, que sugere a remoção de 200.	- Exemplo 2: O mesmo gestor indaga os seus empregados em várias matérias: (a) "desde quanto tempo tinham conhecimento das 275 verificações?"; (b) porque não haviam questionado antes este sistema?". E questiona-se a si próprio: (a) "porque é que eu e os meus pares não havíamos percebido essa prolixidade e burocracia impeditiva?"; (b)"porque é que este sistema chegou a este ponto?".

Fonte: Cunha et al., 2016, p. 717.

Como vimos, o PGI é uma metodologia capaz de estimular a geração de ideias e auxiliar o processo de desenvolvimento dessas ideias até se tornarem inovações. O papel da criatividade está presente em todo o processo. Podemos dizer, sem receio, que ela é o principal insumo à inovação. Dinheiro, conhecimento e tempo são recursos importantíssimos, mas se não se traduzirem em ideias e em projetos de oportunidades de inovação, de pouco adiantarão.

Figura 6.4 – Organização do caminho a trilhar

Max Ribeiro

6.2 Repensando a inovação

A inovação pode ser considerada atualmente como uma arma competitiva extremamente eficaz. As empresas que inovam frequentemente crescem mais do que as que não inovam, além se serem mais competitivas nos respectivos mercados. Mas a inovação nem sempre foi entendida dessa forma

Os leitores mais vividos devem lembrar que, até os anos 80, aproximadamente, a grande arma competitiva da maioria das empresas era o preço. As organizações competiam para ver quem conseguia oferecer o melhor preço em seus produtos ou serviços para o consumidor. Muito disso decorria do comportamento dos consumidores nessa época, que tinham no preço uma variável central no processo decisório de uma compra. A regra da época era: vendia mais quem vendia mais barato. Isso perdurou até meados da década de 1990.

Passado algum tempo, já na década de 1990, ocorreu uma mudança no perfil do consumidor, também em razão do *boom* dos programas de qualidade (ISO 9000, por exemplo), que se tornaram uma exigência de muitos órgãos governamentais da época. Com isso, os consumidores passaram a colocar outra variável importante no processo de compra: a qualidade dos produtos. Na prática, isso significa que as pessoas estavam dispostas a pagar um pouco mais por algo que apresentasse mais qualidade. O preço continuou sendo importante, mas deixou de ser fator crucial para a decisão de compra dos clientes.

Por fim, nos anos 2000, aproximadamente, o preço e a qualidade ganharam mais um "parceiro" nesse jogo. A inovação já tinha começado a ser estudada pela ciência com mais afinco, e a sociedade começou a perceber seu valor. Na prática, isso representou uma parcela crescente da população que aceitou pagar um pouco mais por aquilo que era novo, inédito, que despertava curiosidade. A partir desse momento, não excluindo a importância do preço e da qualidade, a inovação passou a ser um fator determinante na escolha dos clientes por determinados produtos ou serviços. Esse fenômeno continua se expandindo até os dias de hoje. São poucas as pessoas que ainda resistem às novidades do mercado. Com maior ou menor intensidade, todos nós somos tentados a adquirir alguma tecnologia de última geração, contratar o serviço da moda ou algo semelhante. Atualmente, ser inovador passou a ser um aspecto tão importante que é um dos primeiros adjetivos que utilizamos quando nos remetemos às melhores empresas do mundo. Diante disso, a inovação ultrapassou o ponto de ser vista como arma competitiva e passou a ser uma questão de sobrevivência. Sendo a criatividade o principal insumo da inovação, esse vínculo se torna ainda mais representativo.

O Manual de Oslo, da Organisation for Economic Co-operation and Development (OECD) (Organização de Cooperação e de Desenvolvimento Econômico, em tradução livre) é a principal obra sobre inovação do mundo. Nem tanto pelo conhecimento científico, mas por ser base para a definição de políticas públicas voltadas à inovação. Além disso, foi elaborada por um comitê formado pelas maiores autoridades mundiais no assunto. É considerado por muitos como a "bíblia da inovação" e ganhou sua mais nova versão em 2018, após 13 anos sem atualizações.

O Manual de Oslo define *inovação* como "um produto ou processo novo ou aprimorado (ou uma combinação dos mesmos) que difere significativamente dos produtos ou processos anteriores da empresa e que foi disponibilizado para usuários em potencial (produto) ou utilizado pela empresa (processo)" (OECD, 2018, p. 20, tradução nossa).

Embora muito bem elaborada, essa definição necessita de alguns conceitos complementares para ser totalmente compreendida pelos leitores. O primeiro deles se refere ao conceito de inovação de produto, que segundo a OECD (2018, p. 21, tradução nossa) corresponde a "um bem ou serviço novo ou aprimorado que difere significativamente dos bens ou serviços anteriores da empresa e que foi introduzido no mercado".

Vale salientar uma característica cultural do Brasil para clarear esse conceito. Nos Estados Unidos e na Europa, a inovação de serviços é vista como um tipo de inovação de produto. Por isso, a afirmação de que um produto é um bem ou serviço novo, presente no conceito anterior, pode causar certa estranheza. Para a cultura brasileira, a definição de produto engloba apenas bens tangíveis.

Além da inovação de produto, a inovação de processo presente no conceito merece ser explorada. O citado manual define-a como "processo de negócios novo ou aprimorado para uma ou mais funções de negócios que diferem significativamente dos processos de negócios anteriores e que foram utilizados pela empresa" (OECD, 2018, p. 21, tradução nossa).

A inovação de processo de negócios engloba a inovação de processo em si (processo produtivo), de *marketing* e as inovações organizacionais.

Outro ponto que pode gerar certa discussão está na expressão *diferem significativamente*. Como podemos concluir se algo melhorou ao ponto de tal mudança ser significativa?

A significância de uma inovação se refere à inclusão de novas funções, novos atributos ou novos usos em relação à versão anterior. Caso a mudança realizada não tenha acarretado nenhum desses três aspectos, não pode ser considerada inovação, mesmo que tenha trazido resultados à organização.

Apesar de o Manual de Oslo ser a referência mais importante sobre o tema, outros autores trazem uma definição mais didática para a classificação dos tipos de inovação. É importante perceber que não há nenhuma diferença prática entre os tipos de inovação. Tal diferença se restringe apenas à forma de apresentação, com uma classificação distinta. A classificação chamada *Os dez tipos de inovação*, de Keeley et al. (2015), é uma dessas, e será discutida mais adiante neste capítulo.

6.3 Inovação incremental, radical e de ruptura

Existem três formas de se caracterizar as inovações com relação à intensidade (incremental, radical) (OECD, 2005) e de ruptura (ou disruptiva), acrescentada por Clayton Christensen (2012). Todas elas podem gerar resultados incríveis se forem bem desenvolvidas e aceitas no mercado, mas também podem resultar em desastre se não forem bem feitas. Quanto maior a inovação, maior o retorno em caso de sucesso. No entanto, em caso de falha, o prejuízo vem na mesma intensidade.

A inovação incremental representa a ampla maioria das inovações desenvolvidas pelo mundo. Todavia, já são muitas as empresas que buscam reunir condições para ter capacidade de empreender em desafios mais audaciosos, assumindo riscos maiores em busca de melhores resultados. Os paradoxos são muitos, mas vamos tentar esclarecer como a intensidade das inovações pode impactar os negócios.

6.3.1 Inovação incremental

A inovação incremental pode ocorrer de várias formas, como nos seguintes exemplos: quando existe melhoria ou aperfeiçoamento no que se faz e/ou no modo como é feito; acréscimo de novos materiais ou desenhos/embalagens que tornam mais práticos produtos ou processos já anteriormente existentes; utilidades diferenciadas ou melhoras evidentes que tornam produtos/serviços mais desejados pelos clientes/consumidores e, portanto, mais competitivos (OECD, 2005).

A esse respeito, observe a Figura 6.5, a seguir.

Figura 6.5 – Inovação incremental

Percebe-se, da esquerda para a direita, uma evolução tecnológica dessa linha de cafeteiras. Atributos, tecnologias secundárias e novas funcionalidades foram sendo inseridas de uma geração para a outra, tais como: uma estrutura de metal para manter o calor do café; a possibilidade de fornecer o café direto em xícaras; a inserção de termostato; entre outras. Todavia, duas características nessa evolução caracterizam essas inovações como sendo incrementais:

1. O surgimento de uma nova geração, mais atual e mais tecnológica que a anterior, não fez o produto da geração anterior sumir; ele pelo contrário, continua à venda e faz parte do portfólio de produtos da fabricante.
2. Apesar da nítida evolução de uma geração para a outra, a tecnologia principal continua a mesma. Em todos os modelos, o café continua sendo feito passando a água quente pelo pó de café.

Os dois aspectos são imprescindíveis para a caracterização desse exemplo como uma inovação incremental. Podemos perceber claramente como o produto foi incrementado de uma geração para a outra, mantendo a tecnologia principal e os produtos antigos à venda. Não houve substituição de um produto por outro, apenas a soma.

6.3.2 Inovação radical

Uma inovação radical ocorre quando novas ideias resultam em produtos ou processos totalmente inéditos. Ela pode provocar uma ruptura estrutural com o padrão anterior, estabelecendo novas indústrias, setores e mercados (OECD, 2005). Para exemplificar, observe a Figura 6.6 a seguir.

Figura 6.6 – Inovação radical

Levent Konuk, Dimedrol68, Palo_ok, Mahmudul-Hassan e rangizzz/Shutterstock

Considere a tecnologia de transporte de arquivos. A geração mais atual talvez não saiba, mas na década de 1990 os arquivos de computador eram transportados em disquetes, os quais eram unidades de armazenamento com capacidade extremamente reduzida (em comparação com as tecnologias atuais), de difícil transporte, muito frágeis e que não permitiam regravação.

Em meados dos anos 2000, surgiu a tecnologia do CD para o transporte de arquivos. Com capacidade de armazenamento muito maior, rapidamente fez a tecnologia anterior se tornar obsoleta e desaparecer do mercado.

Após um tempo de reinado do CD, surgiu o DVD, muito parecido com o CD, mas com muito mais capacidade e que se diferenciava do antecessor por ser regravável. O contexto se repetiu e o CD sumiu do mercado (ao menos, com a finalidade de transportar arquivos). Alguns anos depois, foi criado o *pen drive*, mais familiar para os mais jovens. O sucesso foi instantâneo e substituiu quase imediatamente o DVD para esse fim.

Embora muitos ainda utilizarem o *pen drive*, não é necessário ser um futurólogo para prever que há uma tendência enorme de queda do uso desse equipamento diante do advento da computação em nuvem.

Com base nesse exemplo, duas características da inovação radical ficam evidentes:

1. Ocorre uma abrupta mudança de tecnologia de uma geração para a outra. Empresas fecham em razão do surgimento de uma tecnologia mais avançada.
2. O surgimento de uma tecnologia nova faz a anterior, em um curto espaço de tempo, tornar-se obsoleta e desaparecer (ou reduzir drasticamente) do mercado. Ao contrário da inovação incremental, aqui não há soma, mas uma substituição de uma tecnologia antiga por outra mais moderna.

6.3.3 Inovação de ruptura

Apesar de ser constantemente entendida como sinônimo de inovação radical, por conta do sombreamento de diversas características, a inovação de ruptura vai um pouco além. Trata-se de uma inovação capaz de mudar a forma pela qual as pessoas interagem com determinados produtos ou serviços.

Refere-se, assim, a inovações capazes de alterar muito significativamente a forma como consumimos e vivemos. Dessa forma, ocorre não só uma quebra de tecnologia – como na inovação radical –, mas uma quebra de paradigma, reinventando tudo que conhecíamos até então (Christensen, 2012).

A internet é um belo exemplo de inovação de ruptura. Não há um criador da internet, pelo fato de ela ter surgido da soma de diversas inovações realizadas quase simultaneamente. Mas atribui-se ao cientista Tim Berners Lee, criador do WWW (*world wide web*), a criação da internet da forma semelhante como a conhecemos hoje.

Não é preciso dizer que a internet mudou pra sempre a humanidade, impactando a forma como nos comunicamos e nos relacionamos, compramos e vendemos. É uma inovação global que simplesmente causou uma ruptura (daí a origem do nome *inovação de ruptura*) na forma de viver em sociedade. Atualmente, praticamente não há como viver fora desse contexto digital.

Muitos autores colocam as inovações radical e de ruptura como sinônimos. De fato, algumas semelhanças existem, mas, para todos os efeitos, a amplitude e a intensidade gigantesca das inovações enquadradas nessa categoria justificam a diferenciação.

Talvez os leitores, ao compreenderem esses três níveis de intensidade das inovações, sintam-se induzidos a pensar que as empresas devem buscar incansavelmente as inovações de ruptura, pela sedução que o impacto delas causa na sociedade e pelos naturais ganhos financeiros multimilionários de seus criadores. Mas não é bem assim que funciona, infelizmente.

Até se encontram, nos anais da história, algumas inovações radicais ou de ruptura que surgiram quase ao acaso, mas elas são exceções, isto é, não representam uma regra. Cada vez são mais fortes os argumentos segundo os quais as inovações radicais e de ruptura surgem pelo agrupamento de diversas inovações incrementais. Isso significa que, como empresários, devemos pensar em criar uma cultura voltada à inovação, desenvolver constantemente inovações incrementais e depois, naturalmente, a experiência e a maturidade farão as inovações radicais ocorrerem mais facilmente.

O risco inerente à busca e ao desenvolvimento de inovações radicais pode levar algumas organizações promissoras à falência. Evidentemente, muitas *startups* investem no desenvolvimento de tecnologias capazes de causar grandes impactos em nossa vida, mas essas empresas apresentam características que as diferem das demais, a exemplo de: dedicação exclusiva a certos projetos; formação dos recursos humanos muito avançada e específica; domínio de tecnologias; apoio gerencial e financeiro de órgãos públicos ou privados; investidores que acabam dividindo o risco desses projetos.

6.4 Os dez tipos de inovação

Como estudamos, o Manual de Oslo é a principal referência em inovação em âmbito global. Mas outros estudiosos se dedicaram a estudar essa temática e classificar a inovação de forma mais didática, simples e intuitiva. Nesse sentido, foi criado o modelo dos dez tipos de inovação, de Keeley et al. (2015). Na prática, não existe nenhuma diferença entre a classificação dos tipos de inovação do Manual de Oslo em relação ao de Keeley et al. (2015), a não ser a forma de apresentação – mais simples e intuitiva neste.

O modelo a seguir representa todas as formas pelas quais a criatividade pode resultar em inovações dos mais variados tipos. Conhecer todas essas formas aumenta nosso potencial criativo desde o início do processo (nas gerações de ideias), pois amplia as possibilidades de soluções para eventuais situações-problema a serem resolvidas.

Os dez tipos de inovação (Figura 6.7) estão configurados em três categorias: configuração, oferta e experiência. Os tipos ao lado esquerdo da figura representam as inovações mais internas à empresa e mais distantes da visão do cliente. Inovações internas são inovações que envolvem os processos internos da organização, visando principalmente à redução dos custos e ao aumento da qualidade dos produtos e/ou serviços prestados.

Quanto mais à direita, as inovações passam a ser mais nítidas e envolver mais os clientes finais. Vale ressaltar que não há inovação melhor ou mais indicada do que outra. Todas são válidas se levarem as organizações a atingir seus objetivos.

Figura 6.7 – Os dez tipos de inovação (10 TI)

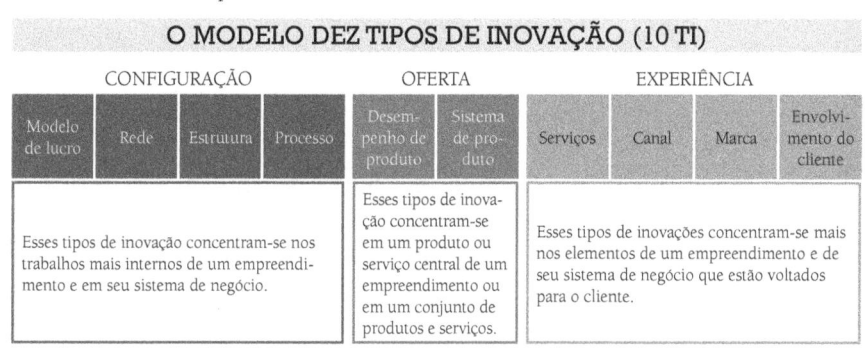

O MODELO DEZ TIPOS DE INOVAÇÃO (10 TI)									
CONFIGURAÇÃO				OFERTA		EXPERIÊNCIA			
Modelo de lucro	Rede	Estrutura	Processo	Desempenho de produto	Sistema de produto	Serviços	Canal	Marca	Envolvimento do cliente
Esses tipos de inovação concentram-se nos trabalhos mais internos de um empreendimento e em seu sistema de negócio.				Esses tipos de inovação concentram-se em um produto ou serviço central de um empreendimento ou em um conjunto de produtos e serviços.		Esses tipos de inovações concentram-se mais nos elementos de um empreendimento e de seu sistema de negócio que estão voltados para o cliente.			

Fonte: Mirshawka, 2016.

A seguir, apresentaremos algumas considerações a respeito de cada um dos tipos de inovação, considerando as categorias macro:

1. **Configuração**
   - Modelo de lucro: inovar no modelo de lucro significa, de forma simples, criar novas formas de ganhar dinheiro em relação ao cenário normal do setor. Por exemplo, vender em leilões, elaborar formas de alterar as margens de lucro ou criar clubes de assinantes dos seus produtos ou serviços. As inovações de modelo de lucro devem, necessariamente, estar alinhadas às estratégias de inovação da empresa (Keeley et al., 2015).

- Rede: em um mundo hiperconectado, em que as informações são cada vez mais acessíveis a todos nós, dificilmente alguma empresa consegue (ou deve) fazer algo sozinha. De acordo com a ciência e a literatura, as vantagens de se trabalhar em rede são cada vez mais evidentes. Nesse sentido, estabelecer parcerias com consumidores, fornecedores, concorrentes ou organizações de outros setores com interesses em comum pode ser um diferencial competitivo muito grande. Da mesma forma, criar formas inovadoras para aumentar o tamanho, a qualidade e a eficiência da rede de contatos é uma forma de inovação muito interessante. As inovações feitas em rede recebem o nome de *inovação aberta* ou *cocriação*, conforme abordamos anteriormente. Assim, sempre que houver o estabelecimento de uma parceria em qualquer momento do processo de gestão da inovação, da geração da ideia até a implantação, e essa parceria trouxer resultados positivos, teremos uma inovação de rede (Keeley et al., 2015).
- Estrutura: as inovações de estrutura se concentram na organização, de forma exclusiva, dos ativos físicos, humanos ou intangíveis da empresa, visando à agregação de valor. As inovações de estrutura podem abranger o sistema de gestão de pessoas da empresa, a configuração do local de trabalho, a mudança de *layout* dos equipamentos em uma linha de produção industrial ou a adoção de um sistema de incentivo aos colaboradores, por exemplo. Tais inovações podem ser consideradas uma base sólida para o desenvolvimento de outros tipos de inovação. Um local de trabalho seguro e saudável, com pessoas motivadas e

configuradas corretamente, é o alicerce para qualquer iniciativa criativa (Keeley et al., 2015).
- Processo: as inovações de processo se referem às melhorias aplicadas aos métodos de produção dos produtos ou aos métodos de prestação dos serviços. Envolvem inovações aplicadas no seio da cadeia produtiva, isto é, no modo como as coisas são feitas. Por meio delas, busca-se, principalmente, reduzir os custos de produção ou da prestação dos serviços. A automação da linha de produção, a adoção de *softwares* gerenciais e novos métodos logísticos são exemplos de inovação de processo (Keeley et al., 2015).

2. **Oferta**
   - Desempenho de produto: inovações de desempenho de produtos dizem respeito à adição de novas características, funcionalidades ou atribuições em um produto/serviço já existente, com o objetivo de melhorá-lo. Por vezes, essa melhora é tão representativa que acaba causando no consumidor a sensação de que existe um novo produto/serviço e com uma nova tecnologia em mãos. Exemplos: carros com tecnologias para estacionar sozinho; lâminas de barbear com um pegador mais ergonômico; serviços com entregas mais ágeis, celulares com múltiplas funções novas a cada geração, entre outros. Esses são exemplos de produtos/serviços que mantêm as mesmas essência e tecnologia, mas que acrescentam, com o passar dos anos, novas características, funções ou atribuições (Keeley et al., 2015).
   - Sistema de produto: refere-se a inovações relacionadas a um grupo de determinados produtos, buscando criar um agrupamento robusto e escalonável. Dessa

forma, desenvolver conexões entre produtos complementares pode ser uma estratégia valiosa para muitas organizações. Por exemplo, dificilmente compraríamos todos os programas do Microsoft Office se eles fossem vendidos separadamente; da mesma forma, seria improvável que comprássemos um carro com todas as tecnologias embutidas se elas fossem vendidas uma a uma. Assim, pensar em formas de agrupar os produtos e vendê-los de forma conjunta tem-se mostrado muito vantajoso a diversos segmentos da indústria, além de ser uma estratégia cada vez mais utilizada. Contudo, algumas indústrias, por força de mercado, estão indo no caminho oposto. Por exemplo, a indústria da música deixou de vender os CDs (agrupamentos de música) para vendê-las separadamente. Muito disso é decorrente do combate à pirataria; caso contrário, provavelmente estaríamos comprando músicas em CD até hoje, pois essa tecnologia era extremamente vantajosa para a indústria musical (Keeley et al., 2015).

3. **Experiência**
   - Serviços: as inovações em serviços proporcionam aumento da utilidade, do desempenho e do valor percebido pelos clientes de determinado produto ou serviço. O objetivo é tornar o produto/serviço mais fácil de usar, revelar funcionalidades as quais dificilmente o cliente usaria, corrigir problemas ou amenizar atribulações na vida dos clientes. Quando bem desenvolvidas e implantadas, as inovações em serviço proporcionam uma experiência inesquecível aos clientes (Keeley et al., 2015). Alguns exemplos de inovações são melhorias no uso de algum produto,

planos de manutenção periódicos controlados pela empresa, serviços de garantia eficiente etc.
- Canal: inovações de canal se referem às diferentes formas pelas quais uma organização faz seus produtos/serviços chegarem até seus clientes ou se conectarem com estes. Pode envolver inovadoras formas de venda ou diferentes canais de comunicação. Essas inovações, particularmente, são muito sensíveis ao contexto do setor, bem como a características culturais ou perfis de clientes. Alguns exemplos podem ser a venda de produtos por canais eletrônicos, o estabelecimento de relação com os clientes via redes sociais, entre outros. (Keeley et al., 2015).
- Marca: as inovações de marca visam garantir que os clientes se lembrem de determinados produtos ou serviços quando vinculados a uma marca ou à imagem da empresa. Ações de *marketing*, como propagandas, padronização do atendimento e da linha de produtos, conferem certo nível de significado e valor aos produtos/serviços da organização. A criação de ações para o fortalecimento da marca aumenta exponencialmente o vínculo com os produtos, associando *design*, qualidade e preço mesmo antes de o consumidor adquirir o produto ou utilizar o serviço. Um exemplo clássico disso é a gigante de tecnologia Apple. A famosa maçã desenhada nos produtos transmite a imagem de produto pioneiro, de extrema qualidade e de valor agregado muito alto, mesmo antes de termos acesso a esse produto. Também a indústria automotiva, em muitos casos, vincula certas caraterísticas padronizadas de *design* aos seus automóveis, criando uma identidade visual que permite que os clientes

associem os produtos à marca com um simples olhar, mesmo sem conhecer os carros (Keeley et al., 2015).

- Envolvimento do cliente: inovações de envolvimento dos clientes dizem respeito a ações desenvolvidas pela empresa para proporcionar ao cliente o sentimento de que ele faz parte da organização, sendo, inclusive, parte do desenvolvimento de seus produtos e serviços. Esse tipo de inovação proporciona a sensação de que determinadas empresas fazem ou fizeram parte da vida do cliente. Por exemplo: é muito comum que as produtoras de jogos eletrônicos, nas fases finais de desenvolvimento, disponibilizem o jogo a alguns jogadores para que eles o testem, dando dicas de melhorias, detectando e reportando pequenas falhas e emitindo suas opiniões ao mercado em geral. Em caso de sucesso, essas ações tendem a criar um laço muito forte entre o produto e seus compradores, aumentando a fidelização e o *marketing* espontâneo. Quanto mais tempo o cliente (jogador) permanecer fiel ao jogo, mais haverá a sensação de que aquele jogo faz (ou fez) parte da vida dele. Assim, para os lançamentos futuros da mesma empresa, a chance de o mesmo indivíduo se envolver com o novo jogo por questões até afetivas é muito grande (Keeley et al., 2015).

6.5 Vá além dos produtos

O caminho mais certeiro para o insucesso é focar apenas nos produtos (inclui serviços). Os inovadores bem-sucedidos utilizam vários tipos de inovação. Keeley et al. (2015) defendem que a mera inovação nos produtos pode facilmente ser copiada e não gera um diferencial competitivo. Os autores salientam que é muito fácil ir ao mercado e encontrar dezenas de indústrias fabricando o mesmo produto, apenas com pequenas alterações entre eles, as quais são, por vezes, insignificantes. Ainda, afirmam que se pudéssemos visitar as fábricas dessas indústrias, provavelmente encontraríamos muitas pessoas se dedicando a criar ainda mais produtos ou variações dos já existentes. Keeley et al. (2015) defendem que isso, como estratégia de inovação, pode ser completamente inútil. Mas por que isso acontece?

Não há nada de mal em desenvolver produtos inovadores, pelo contrário. Todavia, nos contextos altamente competitivos de quase todos os setores industriais, esses novos produtos são facilmente "engolidos" por outras empresas do setor. O tempo que cada produto fica no auge é muito pequeno perto do investimento que a empresa fez para que ele lá chegasse. Qualquer exclusividade é rapidamente corroída.

Nesse contexto, agregar outros tipos de inovações aos produtos pode tornar a inovação muito mais sustentável. A seguir, vamos acompanhar alguns exemplos disso.

- **Exemplo 1: Microsoft**

O principal motivo para a Microsoft ser a gigante da tecnologia que é hoje não se atribui ao desenvolvimento do sistema operacional Windows, mas sim à sua gigantesca capacidade de conceder licenças desse sistema. Provavelmente, o Windows já teria sido ultrapassado como tecnologia há muito tempo se fosse apenas um produto de prateleira. Mas a genial decisão de Bill Gates licenciar seu sistema, em vez de vendê-lo, tornou o Windows sustentável no mercado desde 1989. Diversos outros sistemas operacionais nasceram nos últimos anos, talvez até melhores que o Windows, mas nenhum se sustentou diante da dependência do mundo em relação ao sistema operacional da Microsoft, conquistada pela habilidade da empresa em conceder licenças.

Na prática, isso significa que os usuários do sistema operacional Windows pagam muito mais à Microsoft para ter a licença do uso contínuo do *software* do que pagariam para comprá-lo uma única vez. A forma como a empresa conseguiu inserir seu produto em praticamente todos os computadores do mundo criou uma dependência da imensa maioria da população mundial para seu uso, regido por um pagamento em forma de licença que se perpetuará ainda por muitos anos (Keeley et al., 2015).

Outro caso emblemático de uma empresa que ultrapassou a mera prestação de serviços e agregou outros tipos de inovação foi a Amazon, de Jeff Bezos.

- **Exemplo 2: Amazon**

Quando surgiu, a Amazon poderia ser mais uma empresa entre outras milhares a oferecer o serviço de varejo eletrônico, que representa um mercado bastante acirrado. Analisando esse contexto, seu criador, Jeff Bezos, percebeu que não poderia se restringir a oferecer um serviço que seria muito rapidamente dominado por outras empresas muito mais poderosas financeiramente até aquele momento.

Então, a empresa decidiu que inovaria nas formas de relacionamento tanto com clientes quanto com os vendedores. Assim, criou uma plataforma impecável de vendas e é praticamente "incopiável" nos dias de hoje. Evidentemente, alguns concorrentes à altura podem surgir no futuro, mas terão de investir em diversos tipos de inovação caso queiram superar a Amazon nesse mercado. O serviço de varejo eletrônico foi só a base para o surgimento de diversas outras possibilidades. Hoje, a Amazon disponibiliza um serviço altamente sustentável, principalmente em razão das inovações de outros tipos que agregaram valor ao serviço principal, o varejo *on-line* (Keeley et al., 2015)

Sob essa ótica, com o subtítulo "Vá além dos produtos", estamos nos referindo a isto: agregue valor aos seus produtos e serviços por meio de outras inovações. Tal ação fará seu produto/serviço ser muito mais sustentável e difícil de ser copiado ou superado. A partir do momento em que essa mensagem está clara dentro de uma organização, torna-se previsível que os processos criativos se valham dessa informação no processo, aumentando as chances de que o mesmo pensamento se aplique a outros tipos de inovação.

6.6 Inovação aberta (cocriação)

Henry Chesbrough (2012), professor da Escola de Negócios da prestigiada Universidade de Berkeley, na Califórnia (EUA), cunhou o termo *inovação aberta* quando lançou sua obra *Dilema da inovação*, em sua primeira versão de 2001. Desde então, esse termo se popularizou e seu uso começou a crescer exponencialmente entre os estudiosos da inovação. Chesbrough tornou-se, então, o maior expoente desse tema no mundo.

Para Chesbrough, Vanhaverbeke e West (2017), a inovação aberta é baseada no conceito de que as fontes de conhecimento para a inovação são amplamente distribuídas na economia. Portanto, para uma empresa obter o máximo de desempenho dos seus processos criativos e de inovação, ela deve, necessariamente, extrapolar as fronteiras organizacionais. Para os autores, nenhuma organização detém todo o conhecimento e as capacidades relevantes. O conhecimento de qualidade está disponível e é amplamente distribuído.

O estabelecimento de parcerias provedoras de conhecimento de diversos níveis, formais ou informais, pode alavancar o potencial criativo da organização para o desenvolvimento de projetos de novos produtos ou processos.

Assim, para Chesbrough, Vanhaverbeke e West (2017), o aspecto colaborativo da inovação aberta é a antítese da inovação vertical, em que tudo é feito dentro das dependências da organização. Nos dias atuais, com o volume de informação disponível cada vez maior, considera-se quase impossível que uma empresa, mesmo muito poderosa, em todos os sentidos, tenha a capacidade de desenvolver um projeto inovador apenas com os recursos que possui.

O desejo pela exclusividade e pelo domínio total em relação à nova tecnologia, por vezes, leva as organizações a negligenciarem os altos riscos e custos envolvidos. A inovação aberta (ou colaborativa) possibilita diminuir drasticamente esses riscos e custos envolvidos no processo de inovação sem necessariamente prejudicar a exclusividade e o domínio da tecnologia (Reis, 2008).

6.7 Economia criativa

Certamente você já se convenceu de que a criatividade é de suma importância para praticamente todos os tipos de empresas que queiram manter-se competitivas no mercado atual. Contudo, existem algumas organizações para as quais a criatividade pode ser considerada o insumo principal do negócio. Estamos falando da economia criativa.

A economia criativa contempla tanto a produção de bens e serviços criativos como a indústria criativa e está vinculada fortemente ao conceito do "livre criar". Em outras palavras, representa alguns modelos de negócio nos quais a criatividade não necessariamente volta-se à resolução de um problema, como tanto discorremos no decorrer desta obra, mas sim à sua utilização como o fator mais expressivo para a produção de bens e serviços.

O Instituto de Pesquisa Econômica e Aplicada (Ipea) define a economia criativa como

> o conjunto de atividades econômicas que dependem do conteúdo simbólico – nele incluído a criatividade como fator mais expressivo para a produção de bens e serviços, guardando estreita relação com aspectos econômicos, culturais e sociais que interagem com a tecnologia e propriedade intelectual. (Ipea, citado por Oliveira; Araújo; Silva, 2013, p. 6)

Para facilitar a compreensão, podemos considerar como setores embasados na economia criativa aqueles negócios em que a criatividade e o capital intelectual estão voltados para a atividade-fim da empresa, fazendo com que ela produza elementos que dificilmente possam ser igualados por outra empresa (Howkins, 2001). *Games* de celular, pinturas em quadros, filmes, peças de vestuário ou produções teatrais podem ser considerados exemplos de soluções originadas por organizações pertencentes à economia criativa.

Segundo o Ipea (Oliveira; Araújo; Silva, 2013), entre as áreas referentes à economia criativa, estão as seguintes:

- artes visuais;
- *performances* artísticas;
- expressões culturais tradicionais;
- publicações e mídia impressa;
- audiovisual;
- *design*;
- serviços criativos.

Os setores pertencentes à economia criativa ainda são amplamente discutidos. A Federação dos Estados do Rio de Janeiro (Firjan, 2019), por exemplo, inclui a área de tecnologia nessa lista, englobando pesquisa & desenvolvimento (P&D), biotecnologia e tecnologias da informação e comunicação (TIC). Não há, portanto, uma lista definitiva e fechada sobre os setores pertencentes à economia criativa.

Independentemente disso, em todos esses setores listados a criatividade faz parte da operacionalização do negócio. Nesses casos, sem criatividade, não há como a organização funcionar. Isso justifica o fato de, alguns parágrafos atrás, referirmo-nos à criatividade como o principal insumo de empresas pertencentes à economia criativa.

Todavia, vale salientar que esse conceito ainda se encontra em constante evolução, sendo objeto de pesquisas em todo o mundo para compreendermos melhor esse fenômeno. O simples fato de que não há uma linha clara e bem definida que separe os setores diretamente atrelados à economia criativa dos demais setores justifica a continuidade das pesquisas. A explicação para isso reside na crescente importância do aspecto criativo para a manutenção da competitividade e da sobrevivência de empresas que não se encontram, necessariamente, no conceito de economia criativa e, principalmente, pela presença importante de profissionais das áreas listadas em empresas de diversos outros setores, exercendo atividades criativas em suas rotinas (Oliveira; Araújo; Silva, 2013).

Em 2019, a Firjan publicou o mais completo estudo sobre a economia criativa no Brasil, o qual revelou alguns dados (referentes ao ano de 2017) interessantes sobre a economia criativa no Brasil:

- representa algo em torno de 2,6% do PIB brasileiro;
- é composta por aproximadamente 850 mil trabalhadores formais;

- a renda média desses trabalhadores foi de R$ 6.800,00 ao mês – quase o triplo da renda média salarial brasileira.

O relatório da Firjan (2019) ainda menciona que a tendência é de aumento, ano a ano, de todos esses indicadores, principalmente pela importância da criatividade e da inovação para a competitividade de organizações de diversos setores que, por sua vez, estão investindo cada vez mais em profissionais da criatividade para alavancar o seu potencial inovador.

Uma evidência desse aspecto é a existência, em 2020, de uma área governamental específica para tratar assuntos relacionados à economia criativa. Essa área está vinculada à Secretaria Especial da Cultura, a qual é parte integrante do Ministério do Turismo do governo federal. Independentemente do nível em que a criatividade é tratada pelo governo, apenas a existência dessa secretaria já mostra claros indícios de crescimento da economia criativa no Brasil.

Percebemos que, mais importante do que a economia criativa em si é a relevância dos profissionais da criatividade no contexto organizacional. Estando ou não vinculados às empresas pertencentes ao grupo da indústria criativa, o papel desses profissionais tende a se tornar cada vez mais necessário e determinante para o avanço da capacidade de gestão da criatividade e inovação das empresas em geral.

Síntese

Neste capítulo, apresentamos o processo de gestão da inovação, uma sequência de etapas que visam auxiliar os gestores e as equipes a transformarem boas ideias em inovações de sucesso. Esse caminho, que parece fácil, exige de todos muita dedicação, comprometimento e atitude, evitando decisões precipitadas e que podem colocar tudo a perder.

Sintetizamos alguns conceitos importantes sobre o principal resultado do processo criativo no meio organizacional: a inovação. Conhecemos as definições definidas na versão recém-lançada do Manual de Oslo, a mais importante referência no assunto, além do modelo dos dez tipos de inovação, de Keeley et al. (2015), considerado por muitos como uma forma mais didática para compreender todos os meios possíveis de que uma empresa pode se utilizar para inovar, agregando valor ao negócio e tornando a experiência dos clientes mais positiva.

Ainda, comentamos sobre a necessidade de as empresas não restringirem seus esforços apenas a inovações de produto. Não por falta de importância, mas pela facilidade de o produto ser copiado (e melhorado) muito facilmente pelos concorrentes no atual contexto competitivo.

Por fim, encerramos o capítulo abordando dois temas contemporâneos: a inovação aberta e a economia criativa. Com a discussão do primeiro, objetivamos salientar a importância e os efeitos positivos da realização do processo de criatividade e inovação de forma aberta, extrapolando as fronteiras da empresa, a fim de possibilitar o acesso a informações e recursos que as organizações não conseguiriam acessar dentro de suas fronteiras. Já com a abordagem do segundo tema, buscamos destacar a importância da economia criativa na sociedade, revelando um mercado que usa a criatividade como insumo principal de sua produção. Além disso, vale salientar o merecido destaque dos profissionais da criatividade em um mercado tão competitivo e sedento por inovação.

Questões para revisão

1. Assinale a alternativa que apresenta as etapas do processo de gestão da inovação:

a) Levantamento, seleção, definição de recursos, implantação e aprendizagem.
b) Levantamento, escolha, projeto, inovação e aprendizagem.
c) Aprendizagem, seleção, definição de recursos, implantação e inovação.
d) Definição de recursos, levantamento, seleção, implantação e aprendizagem.
e) Projeto, levantamento, definição de recursos, projeto e inovação.

2. Assinale a alternativa que se aplica ao trecho a seguir:

É a maior referência sobre inovação do mundo. É uma obra utilizada para definição de políticas públicas e elaborada por um comitê formado por grandes especialistas do mundo todo.

a) Guia da inovação.
b) Manual de Oslo.
c) OECD.
d) Dilema da inovação.
e) Os dez tipos de inovação.

3. Assinale a alternativa que se refere à definição exposta no trecho a seguir:

"É quando existe melhoria no que se faz e/ou aperfeiçoamento do modo como se faz, por acrescentar novos materiais, ou desenhos ou embalagens que tornam mais práticos produtos ou processos já anteriormente existentes, ou ainda acrescentando utilidades diferenciadas ou melhoras evidentes que os tornam mais desejados pelos seus clientes/ consumidores e, portanto, mais competitivos" (MBC, 2008, p. 12).

a) Inovação radical.
b) Inovação de ruptura.
c) Inovação incremental.
d) Melhoria.
e) Nenhuma das anteriores.

4. Além do exemplo citado neste livro sobre inovação radical (tecnologia de transferência de arquivos), cite uma tecnologia que também tenha passado pelo processo de inovação radical e descreva as características que o levaram a entender esse exemplo como uma inovação radical.

5. O modelo intitulado dez tipos de inovação é uma classificação muito didática para compreender todas as possibilidades que uma empresa tem para inovar. Os dez tipos de inovação são estruturados em três grandes grupos: inovações de configuração, inovações de oferta e inovações de experiência. Descreva os tipos de inovação que compõem esses três grupos e cite, no mínimo, um exemplo de inovação para cada um dos grupos.

Questão para reflexão

1. Os autores Keeley et al. (2015) mencionam a importância de que uma empresa não se restrinja apenas a inovar em seus produtos, devendo inovar também de outras formas. Em sua opinião, o que uma organização pode conseguir em termos de benefícios ao inovar em diferentes frentes e de variadas formas? Explique em um texto de até dez linhas.

Considerações finais

Esperamos que este livro tenha ampliado seu conhecimento sobre a criatividade no campo organizacional.

A criatividade sempre esteve presente em nossa vida desde os tempos primórdios. Contudo, a forma pela qual ela foi entendida, estudada e aproveitada foi sendo alterada ao longo do tempo: da época em que era tida como um dom divino, até os dias de hoje, em que é considerada uma habilidade que pode ser desenvolvida por qualquer um de nós, se tivermos e vivenciarmos certos estímulos. A ciência da criatividade já passou por diversas fases. Será que a forma atual pela qual a estudamos é a mais correta? Só o tempo dirá.

O certo é que, como qualquer constructo científico, devemos aproveitar o que se sabe atualmente para nos tornarmos pessoas mais criativas, capazes de gerar ideias mais robustas, com mais habilidade para resolver problemas complexos, buscando construir uma sociedade melhor, mais eficaz e mais produtiva, como colaborador, gestor ou empreendedor.

Sob essa perspectiva, nesta obra, evidenciamos a evolução do entendimento sobre a criatividade ao longo dos anos e de que maneira essa evolução alterou significativamente a forma como compreendemos o processo de geração de ideias no contexto organizacional. Nessa ótica, descobrimos como as pessoas podem desenvolver a criatividade e de que forma as organizações podem auxiliar nesse processo.

Também tratamos das características comumente observadas em pessoas com perfil criativo. O entendimento dos comportamentos e das habilidades inerentes a pessoas criativas pode nos ajudar a desenvolver, também, nossa criatividade individual.

Além disso, identificamos as etapas do processo criativo: atenção, fuga e movimento. Apesar de o processo criativo não ser linear ou representado por um passo a passo, esses três componentes estão presentes nele, independentemente dos estímulos percebido pelos atores envolvidos ou do contexto em que acontece.

Ainda, apresentamos uma metodologia para transformarmos ideias em oportunidades de inovação. Ideias são fundamentais para qualquer ambiente organizacional que pretende evoluir e acompanhar as mudanças de mercado. Todavia, elas de nada adiantarão se não forem gerenciadas corretamente e se não se transformarem em oportunidades de inovação para as empresas. Esse conteúdo se torna especialmente importante pelo fato de que inúmeras organizações, embora contem com colaboradores extremamente criativos e colaborativos, pecam na busca pela transformação dessas ideias em riquezas (produtos/serviços) que possam lhes trazer resultados.

Destacamos algumas técnicas de estímulo à criatividade, as quais visam apoiar e, principalmente, organizar o processo criativo. É perfeitamente compreensível que o processo criativo seja meio caótico e é normal, até certo ponto, que assim seja. Mas em um contexto organizacional em que problemas complexos precisam ser resolvidos, organizar esse processo para que ele se mantenha focado é muito importante. Por isso, tais técnicas suportam, justamente, essa etapa do processo de estímulo à criatividade.

Por fim, apresentamos o processo de gestão da inovação, um importante modelo para auxiliar os profissionais a transformar boas ideias em oportunidades de inovação com potencial de implementação e geração de riqueza. Explicamos todos os tipos de inovação existentes e que podem ser geradas por meio de processos criativos. A inovação, no contexto organizacional, reflete a principal consequência de um processo criativo bem feito e bem gerenciado.

A gestão da criatividade, nos dias atuais, deixou de ser um diferencial e passou a ser uma questão de sobrevivência para as organizações. Sem inovação – consequência de uma gestão da criatividade bem feita –, as empresas estão fadadas ao fracasso, em mais ou menos tempo.

Esperamos que o conteúdo proposto neste material tenha lhe auxiliado a compreender todo o conteúdo apresentado e, principalmente, que possa despertar em você a importância da criatividade em sua vida, independentemente de sua profissão ou dos caminhos que você venha a escolher.

Referências

ALENCAR, E. M. L. S. Developing Creative Abilities at the University Level. **European Journal for High Ability**, v. 6, p. 82-90, 1995.

AMABILE, T. M. et al. Assessing the Work Environment for Creativity. **Academy of Management Journal**, v. 39, n. 5, p. 1.154-1.184, 1996.

AMABILE, T. M. et al. Leader Behaviors and the Work Environment for Creativity: Perceived Leader Support. **Leadership Quarterly**, v. 15, n. 1, p. 5-32, 2004.

AMABILE, T. M. How to Kill Creativity. **Harvard Business Review**, v. 76, p. 76-87, Sept./Oct. 1998.

AMABILE, T. M. Motivating Creativity in Organizations: on doing what you Love and Loving what you do. **California Management Review**, Berkeley, v. 40, n. 1, p. 39-58, 1997.

AMABILE, T. M. Social Psychology of Creativity: a Componential Conceptualization. **Journal of Personality and Social Psychology**, v. 45, p. 357-376, 1983.

ASCH, S. E. Opinions and Social Pressure. **Scientifc American**, v. 193, n.5, p. 31-35, 1955.

AULETE, F. J. C.; VALENTE, A. L. dos S. **Aulete Digital**. Rio de Janeiro: Lexikon Digital, 2021. Disponível em: <https://aulete.com.br/>. Acesso em: 20 jul. 2021.

BERNS, G. **O iconoclasta**: um neurocientista ensina como pensar de forma diferente e realizar o impossível. Rio de Janeiro: Best-Seller, 2009.

BONO, E. **Six Thinking Hats**. New York: Back Bay Books, 1999.

CHESBROUGH, H. W.; VANHAVERBEKE, W.; WEST, J. **Novas fronteiras em inovação aberta**. São Paulo: Blucher, 2017.

CHRISTENSEN, C. O. **Dilema da inovação**: quando as novas tecnologias levam as empresas ao fracasso. São Paulo: M. Books, 2012.

CSIKSZENTMIHALYI, M. Society, Culture, and Person: a Systems View of Creativity. In: STERNBERG, R. J. (Ed.). **The Nature of Creativity**. New York: Cambridge University Press, 1988. p. 325-339.

CUNHA, M. P. et al. **Manual do comportamento organizacional e gestão**. 8. ed. Lisboa: RH, 2016.

DACEY, J. S.; LENNON, K. H. **Understanding Creativity**: the Interplay of Biological, Psychological and Social Factors. Hardcover: Jossey-Bass, 2002.

DAVID, D. E. H.; CARVALHO, H. G.; PENTEADO, R. S. **Gestão de ideias**. Curitiba: Aymará, 2011.

DAVILA, T.; EPSTEIN, M.; SHELTON, R. **As regras da inovação**: como gerenciar, medir e lucrar. Porto Alegre: Bookman, 2007.

DE MEYER, A.; GARG, S. **Inspire to Innovate**: Management and Innovation in Asia. London: Pearson, 2005.

DORNELAS, J. C. A. **Empreendedorismo**: transformando ideias em negócios. Rio de Janeiro: Elsevier, 2001.

ELLSBERG, D. Risk, Ambiguity, and the Savage Axioms. **The Quarterly Journal of Economics**, p. 643-669, 1961.

FAYET, E. et al. **Gerenciar a inovação**: um desafio para as empresas. Curitiba: IEL, 2010.

FIRJAN – Federação dos Estados do Rio de Janeiro. **Estudos e pesquisas**: mapeamento da indústria criativa no Brasil. Rio de Janeiro, 2019.

GOFFIN, K.; MITCHELL, R. **Innovation Management**: Strategy and Implementation using the Pentathlon Framework. New York: Palgrave, 2005.

GOLEMAN, D. **Inteligência social**: o poder das relações humanas. Rio de Janeiro: Elsevier, 2012.

GONG, Y.; HUANG, J. C.; FARH, J. L. Employee Learning Orientation, Transformational Leadership, and Employee Creativity: The Mediating Role of Employee Creative Self-Efficacy. **Academy of Management Journal**, v. 52, n. 4, p. 765-778, 2009.

GUMUSLUOGLU, L.; ILSEV, A., Transformational Leadership, Creativity, and Organizational Innovation. **Journal of Business Research**, v. 62, p. 461-473, 2009.

HARTMAN, A. **Avaliação da cultura intraempreendedora**: desenvolvimento e teste de uma metodologia. 89 f. Dissertação (Mestrado em Engenharia de Produção) – Universidade Tecnológica Federal do Paraná, Ponta Grossa, 2006.

HICKS, M.J. **Problem Solving in Business and Management**: Hard, Soft and Creative Approaches. London: Chapman & Hall, 1991.

HOWKINS, J. **The Creative Economy**: how People make Money from Ideas. London: Penguin, 2001.

KANIZSA, G. **Gramática de la visión**: percepción y pensamiento. Barcelona: Paidós, 1986.

KEELEY, L. et al. **Dez tipos de inovação**: a disciplina de criação de avanços de ruptura. São Paulo: DVS, 2015.

KING, R.; SCHLICKSUPP, H. **The Idea Edge**: Transforming Creative thought into Organizational Excellence. Salem: Goal/QPC, 1998.

MBC – MOVIMENTO BRASIL COMPETITIVO. **Manual de inovação**. Brasília, 2008.

MILLER, D.; CHEN, M.J. Sources and Consequences of Copetitive Inertia: a Study of the US Airline Industry. **Administrative Science Quarterly**, v. 39, p. 1-23, 1994.

MIRSHAWKA, A. **Dez tipos de inovação**: um modelo simples e prático para um resultado vencedor. 2 maio 2016. Disponível em: <https://blog.dvseditora.com.br/dez-tipos-de-inovacao-modelo-simples-e-pratico-para-um-resultado-vencedor/>. Acesso em: 20 jul. 2021.

OECD – Organisation for Economic Co-operation and Development. **Oslo Manual 2018**: Guidelines for Collecting, Reporting and Using Data on Innovation. 3. ed. Paris, 2005.

OECD – Organisation for Economic Co-operation and Development. **Oslo Manual 2018**: Guidelines for Collecting, Reporting and Using Data on Innovation. 4. ed. Paris, 2018.

OLIVEIRA, J.; ARAÚJO, B. C.; SILVA, L. V. **Panorama da economia criativa no Brasil**. Brasília: IPEA, 2013.

OSBORN, A. F. **O poder criador da mente**. 8. ed. São Paulo: Ibrasa, 1987.

OSTERWALDER, A.; PIGNEUR, Y. **Business Model Generation**: inovação em modelos de negócios. Rio de Janeiro: Alta Books, 2011.

PINCHOT, G.; PELLMAN, R. **Intra-empreendedorismo na prática**: um guia de inovação nos negócios. Rio de Janeiro: Campus, 2004.

PINTO, L. Empresas precisam de inovar a forma como olham para a inovação. **Público**, 17 out. 2011. Disponível em: <https://www.publico.pt/2011/10/17/jornal/empresas-precisam-de-inovar-a-forma-como-olham-para-a-inovacao-23215703>. Acesso em: 20 jul. 2021.

PROJECT MANAGEMENT INSTITUTE. **Guia PMBOK**: um guia do conhecimento em gerenciamento de projetos. 6. ed. São Paulo: Saraiva, 2018.

RAMOS, P. O processo criativo. **Administração Criativa**, 9 out. 2014. Disponível em <https://administracaocriativa.wordpress.com/2014/10/09/o-processo-criativo>. Acesso em: 20 jul. 2021.

REGO, A. et al. Store Creativity, Store Potency, Store Performance, Retailing. **Journal of the Iberoamerican Academy of Management**, v. 14, n. 2, p. 130-149, 2016.

REIS, D. R. **Gestão da inovação tecnológica**. 2. ed. Barueri: Manole, 2008.

REIS, D. R.; CARVALHO, H. G.; CAVALCANTE, M. B. **Gestão da inovação**. Curitiba: Aymará, 2011.

REIS JÚNIOR, D. R. dos. **Liderança, virtuosidade e criatividade**: explicando o desempenho de equipes. 131 f. Tese (Doutorado em Gestão Industrial) – Universidade de Aveiro, Aveiro, 2014. Disponível em: <https://ria.ua.pt/handle/10773/12653>. Acesso em: 20 jul. 2021.

REITER-PALMON, R.; WIGERT, B.; DE VREEDE, T. Team Creativity and Innovation: the Effect of Group Composition, Social Processes, and Cognition. In: MUMFORD, M. (Ed.). **Handbook of Organizational Creativity**. London: Academic Press, 2012. p. 295-326.

SHALLEY, C. E.; ZHOU, J.; OLDHAM, G. R. The Effects of Personal and Contextual Characteristics on Creativity: where should we go from here? **Journal of Management**, v. 30, n. 6, p. 933-958, 2004.

SIQUEIRA, J. **Criatividade aplicada**. Rio de Janeiro, 2015. E-book.

STERNBERG, R. J.; LUBART, T. I. The Concept of Creativity: Prospects and Paradigms. In: STERNBERG, R. J. (Ed.). **Handbook of Creativity**. London: Cambridge University Press, 1999. p. 3-16.

TIDD, J.; BESSANT, J.; PAVITT, K. **Managing Innovation**: Integrating Technological, Market and Organizational Change. 3. ed. New York: John Wiley & Sons, 2005.

TIERNEY, P.; FARMER, S. M. The Pygmalion Process and Employee Creativity. **Journal of Management**, v. 30, n. 3, p. 413-432, 2004.

VIANNA, M. et al. **Design Thinking**: inovação em negócios. Rio de Janeiro: MJV Press, 2012.

ZHANG, X.; BARTOL, K. M. Linking Empowering Leadership and Employee Creativity: the Influence of Psychological Empowerment, Intrinsic Motivation, and Creative Process Engagement. **Academy of Management Journal**, v. 53, n. 1, p. 107-128, 2010.

ZHOU, J.; GEORGE, J. M. When Job Dissatisfaction Leads to Creativity: Encouraging the Expression of Voice. **Academy of Management Journal**, v. 44, n. 4, p. 682-696, 2001.

Respostas

Capítulo 1

Questões para revisão

1. b

A abordagem mística realmente entendia que a criatividade advinha de um dom divino. Nessa abordagem, o entendimento comum era de que algumas pessoas eram "escolhidas" pelos deuses e "abençoadas" com essa habilidade.

2. c

A criatividade não é uma habilidade nata. Todos nós nascemos com capacidade para desenvolvê-la ao longo da vida. Contudo, se formos expostos aos estímulos corretos, poderemos iniciar o desenvolvimento da criatividade a partir dos primeiros minutos de vida.

3. e

Todas as afirmações estão corretas. A autonomia é importante por representar certo grau de liberdade para pensar e agir. O reconhecimento e o apoio dos colegas para criar são fundamentais para a percepção de que a equipe e a organização acreditam e confiam nas suas propostas de solução. Por fim, ter acesso às informações necessárias é primordial para compreender todo o contexto analisado, aumentando a assertividade das ideias para resolver determinados problemas.

4. Resposta aberta: as contradições e a troca de ideias promovidas por uma equipe permitem que as ideias individuais sejam agregadas a outras ideias, gerando uma nova ideia mais robusta. A quantidade de informação e, principalmente, de diferentes conhecimentos sobre determinado assunto também pode gerar melhores ideias.

5. Resposta aberta: a criatividade é vista, atualmente, como uma arma competitiva para as empresas, pois a partir dela é possível gerar novos e melhorados produtos, processos e serviços, agregando valor ao negócio.

Capítulo 2

Questões para revisão

1. a

Gregory Berns foi o autor da icônica obra *O iconoclasta*. Um clássico para quem deseja entender melhor as origens da criatividade.

2. e

Não há nenhuma indicação no texto que mostre a relação entre o perfil criativo e a necessidade de poder.

3. c

Os três tipos de medo que podem ser desencadeados durante o processo criativo são: medo do desconhecido, medo do isolamento e medo do fracasso.

4. Resposta aberta: muitas pessoas, ao perceberem que uma ideia, uma percepção ou uma opinião é defendida pela maioria, tendem a compreender isso como sendo verdadeiro. Qualquer opinião emitida de forma contrária é vista como uma ameaça. Outro motivo para isso é o medo do isolamento, ocasionado quando emitimos uma opinião ou damos ideias fora do senso comum da maioria.

5. Resposta aberta: a capacidade de comunicação e argumentação pode ajudar você a trazer alguns aliados para sua ideia. A comunicação auxilia a criar os argumentos ideais para demover ideias antigas de outras pessoas, convencendo-as de que sua ideia representa uma melhor opção. A partir do momento em que aliados começam a se juntar a você, o medo do isolamento vai, proporcionalmente, desaparecendo.

Capítulo 3

Questões para revisão

1. d

2. a

A atenção é o princípio mental que nos faz voltar a nossa concentração para a compreensão do contexto que nos cerca.

3. c

Apesar de alguns comportamentos da liderança exercerem um efeito inibidor da criatividade, não há, na literatura, nenhuma evidência de que a liderança democrática seja um desses fatores. Pelo contrário, a democratização das decisões pode ser um estímulo criativo, e não uma barreira.

4. Resposta aberta: são diversos os motivos que podem ser colocados como barreiras ao intraempreendedorismo no Brasil, tais como: a falta de confiança dos gestores nos colaboradores; o alto risco envolvido, na opinião dos gestores; a falta de capacidade técnica; a falta de cultura na nossa sociedade sobre o conceito de intraempreendedorismo, entre outros.

5. Resposta aberta: a autonomia dada aos colaboradores representa a confiança que a empresa deposita em suas decisões. Dar certo grau de liberdade pode ser um gatilho importantíssimo para o início do processo criativo, pois confere ao colaborador a sensação de liberdade e segurança para avançar em novos projetos de melhoria na organização.

Capítulo 4

Questões para revisão

1. d

A quarta afirmativa é falsa. As parcerias são importantes durante todo o processo. Apesar de o grau de importância das parcerias poder ser distinto entre cada caso, elas nunca deixarão de ter o seu papel de apoio ao processo.

2. b

3. b

A opção B mostra, na sequência correta, todas as etapas do processo de gestão da criatividade.

4. Resposta aberta: o objetivo é construir um ambiente voltado à criatividade na empresa.

5. Resposta aberta: etapa "estratégia". A importância da inserção da criatividade no planejamento estratégico da organização

se dá para que a empresa possa organizar de forma eficaz (com recursos exclusivos, por exemplo) ações voltadas ao estímulo à criatividade dos colaboradores e disseminar a cultura da empresa a toda a comunidade e aos atores envolvidos.

Capítulo 5

Questões para revisão

1. e

Brainstorming, método dos seis chapéus, *design thinking* e *canvas* são técnicas que podem apoiar ao processo criativo.

2. c

As características apresentadas na questão são referentes à técnica do *brainstorming*.

3. a

Edward de Bono foi o criador da técnica dos seis chapéus.

4. Resposta aberta: as técnicas de apoio à criatividade têm como finalidade estimular e organizar o processo criativo, garantindo centralidade e registro das ideias geradas. Além disso, as ideias visam fornecer as informações e a interação necessárias para o desenvolvimento de ideias mais complexas e estruturadas, aumentando as oportunidades de inovação na organização.

5. Resposta aberta: essa questão não tem respostas certas ou erradas. Apenas certifique-se de ter preenchido todos os campos e de ter entendido todas as funções do *canvas*.

Capítulo 6

Questões para revisão

1. a

2. b

Apesar de existirem muitas obras interessantes sobre o tema, o Manual de Oslo se apresenta como a principal referência sobre inovação internacionalmente.

3. c

4. Resposta aberta: qualquer produto ou serviço que, quando surgiu, tenha tornado a tecnologia anterior obsoleta serve como exemplo nessa questão. Essa é a principal característica a ser observada nessa resposta.

5. Resposta aberta: a resposta para essa questão depende do aluno, que deve basear-se nos dez tipos de inovação:

- Inovações de configuração
- Modelo de lucro
- Rede
- Estrutura
- Processo
- Inovações de oferta
- Desempenho do produto
- Sistema de produto
- Inovações de experiência
- Serviços
- Canal
- Marca
- Envolvimento do cliente

Sobre o autor

Dálcio Roberto dos Reis Júnior é doutor em Gestão Industrial pela Universidade de Aveiro-Portugal, mestre em Gestão Industrial pela Universidade Tecnológica Federal do Paraná (UTFPR), pós-graduado em Engenharia de Produção pela mesma instituição e graduado em Educação Física pela Pontifícia Universidade Católica do Paraná (PUCPR). É professor universitário e pesquisador nas áreas de comportamento organizacional e inovação. Autor de diversos artigos em revistas internacionais de reconhecida qualidade, como *Journal of Business Ethics*, *Managing Service Quality*, *International Journal of Manpower* e *European Journal of Innovation Management*, além de contar com participações em diversos eventos internacionais sobre os temas. Também é avaliador de artigos da revista norte-americana *International Journal of Innovation Science*. É consultor credenciado do Serviço Brasileiro de Apoio às Micro e Pequenas Empresas (Sebrae) e docente convidado em cursos de pós-graduação da PUCPR, do Centro Universitário Internacional Uninter, do Instituto Superior de Administração e Economia (Isae) e das Faculdades da Indústria do Sistema Fiep.

Os papéis utilizados neste livro, certificados por instituições ambientais competentes, são recicláveis, provenientes de fontes renováveis e, portanto, um meio **responsável** e natural de informação e conhecimento.

FSC
www.fsc.org
MISTO
Papel | Apoiando o manejo florestal responsável
FSC® C103535

Impressão: Reproset
Junho/2023